정치학을 위한 파이썬

Python for Political Science

엄기홍 지음

경북대학교출판부

엄기홍

연세대학교 정치학사 및 정치학 석사
University of Kentucky 정치학 박사
Harvard-Yenching Institute, Visiting Scholar
University of California at Berkeley, Fulbright Scholar
현) 경북대학교 정치외교학과 교수
현) 경북대학교 사회과학기초자료연구소 소장
현) 중앙선거관리위원회 자문위원회 자문위원
현) 대구광역시 정보화추진위원회 자문위원

주요 논문
「Democratization Effects of Campaign Contribution Limits in Gubernatorial Elections」 (공저)
「Generation Effects, To Be or Not To Be: Empirical Analyses of Korean National Assembly and Presidential Elections」 (공저)
「Contribution Limits and Disparity in Contributions between Gubernatorial Candidates」 (공저)
「노무현 대통령의 자주국방 인식: 노무현 대통령 연설문집 분석을 중심으로」 (공저)
「한국 국회의원은 부패했는가?: 제19대 국회의원 재산자료를 통해 본 경험적 연구」
「고액 정치후원금의 정치적 대표성: 대통령선거 경선, 국회의원선거, 광역단체장선거 후보자 후원회에 관한 경험적 분석」
「한국 후원회의 정치자금 기부금 결정요인: 2004-2006년 기부금액에 대한 경험적 분석」 외 다수

주요 저서
『정치학 연구방법론으로의 초대: Stata로 따라하기』
『권위주의 체제, 선거 그리고 민주주의: 제5공화국의 선거들』
『한국 국회와 정치과정』 (공저)
『투표행태의 이해』 (공저) 외 다수

정치학을 위한 파이썬 Python for Political Science

초판 1쇄 2018년 2월 14일 • **초판 2쇄** 2024년 1월 31일
지은이 엄기홍 • **펴낸이** 홍원화 • **펴낸 곳** 경북대학교출판부
출판등록 1973년 10월 10일 ㉣97호 • **주소** 대구광역시 북구 대학로 80
전화 053-950-3830 • **팩스** 053-953-4692 • **이메일** press@knu.ac.kr
홈페이지 http://knupress.com
ISBN 978-89-7180-478-0 93000

정가는 뒤표지에 있습니다.
파본은 바꾸어 드립니다.

사랑하는 아내와 아이들에게 이 책을 바칩니다.

머리말

2011년 겨울 어느 날이었다. 컴퓨터 프로그래밍을 통해 웹 페이지에 있는 내용을 한 번에, 그것도 한 번 만들어 놓으면 자동적으로 계속 가져올 수 있다는 것을 알게 되었다. 지금은 너무나도 당연한 일이 되었지만, 그리고 많은 사람들이 알고 있는 것이 되었지만, 그 당시 나에게는 새로운 것이었다.

그 새로움은 내가 생각하던 가능성을 확신으로 만들어 주었다. 당시의 나는 정당 정책 등의 텍스트를 자동화하는 내용분석 프로그램을 시도하고 있었다. 지금은 머신러닝(machine learning)으로 많은 사람들에게 각광을 받고 있는 분야이지만, 그즈음에 사회과학 분야에서는 잘 알려지지 않는 영역이었기에, 내가 희망하는 것이 과연 가능할지 의문이었다. 그래서 첫 번째 연구년을 하버드-옌칭 연구소(Harvard-Yenching Institute)에서 보내기로 했다. 왜냐하면 하버드-옌칭 연구소는 세계 각국의 인문사회학자들이 방문하는 연구소이고, 당시 정치학자 중에서 처음으로 자동화된 내용분석 프로그램을 개발한 교수가 하버드 대학교에 있었기 때문이었다.

그런데 그곳에서 더 큰 희망을 찾았다. 단지 자동화된 내용분석 프로그램뿐만 아니라 웹 페이지에 공개된 자료를 수집해서 동료학자들과 공유할 수 있다는 것을 알게 되었기 때문이다. 이제 하나의 웹 페이지에서 하나의 키워드로 관련된 모든 자료를 찾아 분석할 수 있는 가능성이 열린 것이다.

이 모든 가능성의 중심에는 파이썬(Python)이라는 프로그래밍 언어가 있었다. 그 언어를 통해서 정치 관련 데이터를 항시적으로 가져오고, 분석할 수 있었다. 그 언어를 통해서 정부 공공자료를 취합하는 하버드-MIT 대학의 Open Government Data Project가 가능했고, 자동화된 내용분석도 가능했다. 만약 이러한 프로그램들이 한글에도 적용될 수 있다면, 한국에서도 정치 영역의 자료, 특히 질적 자료를 가져와 분석할 수 있다는 희망을 갖게 됐다.

이런 희망에서 파이썬 공부를 시작했다. 파이썬은 컴퓨터 비전공자인 나에게도 쉽게 다가오는 언어였다. 물론 초기에는 컴퓨터 언어라는 부담감이 있었고, 익숙하지 않은 은어들이 끊임없이 나를 괴롭혔지만, 이제는 파이썬으로 작성된 코드의 뜻을 이해하고 수정하여 나의 목적에 맞게 사용할 수 있게 되었다. 이제 나는 정치학 영역에서의 희망을 현실화할 수 있는 수단을 얻었다고 생각한다.

이제 나의 경험을 다른 사람들과 공유하고 싶다. 아직 정치학도에게는 이 영역이 생소할 것이라고 생각하기에, 나의 경험이 조금은 도움이 될 것이라 믿는다. 공유의 방법은 두 가지로 생각했다. 하나는 대학교에 정규 과목을 편성하는 것이다. 정치외교학과 학생들에게 이런 길도 있다는 것을 말해 주고 싶었다. 과학적 분석을 통해 진리를 추구하는 정치학도에게, 과학적 분석을 위한 도구로써 파이썬을 설명하고 이를 통해 스스로 진리를 추구할 수 있는 방법을 전하고 싶었다. 이러한 희망은 2016년 결실을 맺어 경북대학교 정치외교학과에 IT정치 전공이 신설되었다.

두 번째 방법은 학교라는 울타리를 벗어나 지역사회에 다가가는 방법이다. 2011년 겨울 나는 하버드-MIT 대학의 Open Government Data Project 워크숍을 통해 이를 체험했다. 이제 한국 사회에서도 이러한 접근이 필요하지 않나 생각한다. 물론 컴퓨터학부나 빅데이터 분석을 하는 분들에게는 너무나도 기초적인 워크숍일 것이다. 그렇지만 정치학도를 비롯한 인문사회학도들에게는 아직도 컴퓨터 언어, 코딩, 웹 스크랩핑, API, 머신러닝, 딥러닝 같은 단어들은 낯선 단어들이기에, 인문사회학도에 의한 워크숍이 도움이 될 것으로 믿는다.

이런 공유가 가능하기 위해서는 비전공자인 사람이 읽어도 이해가 되는 책이 필요했다. 많은 책들이 그들만의 언어(특히 영어)로 쓰여 있었고, 정치학도를 위한 데이터 수집과 분석이라는 목적에 맞추어진 책은 저자의 눈에 아직 띄지 않았다. 그래서 컴퓨터학 전공자의 눈에는 미흡할지 몰라도, 비전공자의 눈높이에 맞추어진 그리고 실용적으로 활용될 수 있는 부분만을 간추린 책을 쓰기로 했다. 인문사회학도, 특히 정치학도들이 쉽게 접근할 수 있고, 바로 활용할 수 있는 그런 책을 쓰기로 했다. 이런 의도로 만들어진 책이 바로 여러분이 읽고 있는『정치학을 위한 파이썬』이다.

이 책을 쓰면서 가장 많은 도움을 받은 사람은 서대원이다. 연구년을 마치고 파이썬의 필요성을 절감한 나는 2013년 소그룹으로 파이썬 스터디를 시작했다. 당시 서대원은 학부생으로서 나의 가르침을 받고 파이썬을 배웠지만, 5년이 지난 지금은 오히려 서대원의 가르침을 받을 정도로 훌륭한 개발자로 성장했다. Colleague라는 용어에 걸맞게 훌륭히 성장한 서대원에게 감사와 뿌듯함을 전하고 싶다. 감사의 마음은 경북대학교, 경북대학교 사회과학연구원, 그리고 컴퓨터학부 PRIME 사업단에도 전하고 싶다. 이들의 재정적 도움이 없었다면, 국내 최초의 IT정치 전공 신설뿐만 아니라 지역사회 전파를 위한 필수적 요소인 학술총서 발간도 어려웠을 것이다. 그리고 집필할 여유를 만들어 준 풀브라이트 재단과 버클리 대학 정치학과, 특히 Taeku Lee 교수님께도 감사드린다. 이들이 있었기에 책을 집필하고 희망을 공유할 수 있었다.

나의 마음속 깊은 감사는 아내 혜신, 딸 선민, 그리고 아들 주용에게 있다. 갑자기 책을 쓴다는 아빠 덕분에, 버클리에서의 연구년이 심심하지 않았을까 하는 걱정이 든다. 고마워, 우리 가족.

버클리의 싱그러움 속에서

엄기홍

차례

제3장

웹 스크래핑을 통한 데이터 수집

제4장

API를 통한 데이터 수집

제 1 장 정치학과 파이썬

제1장 정치학과 파이썬

정치 현상을 이해하고 분석하는 데 컴퓨터 프로그래밍이 왜 필요할까? 오래전의 정치학은 정치 제도를 서술하는 것만으로도 그 역할을 다했다. 그렇지만 오늘날의 정치학은 정치 제도뿐만 아니라 국가 간의 관계, 정당·언론 등에 대한 분석, 나아가 시민·유권자 등에 대한 실시간 분석까지 요구하고 있다. 물론 집합자료, 여론조사 등을 통해 정치 현상의 주요 행위자들에 대한 분석을 진행하고 있지만, 각 기법들이 갖고 있는 한계와 문제점으로 인해 보완의 필요성이 끊임없이 요구되고 있다. 컴퓨터 프로그래밍은 이러한 요구에 부응하는 또 하나의 도구이다. 특히 컴퓨터 프로그래밍 언어인 파이썬은 컴퓨터 프로그래밍을 전혀 모르는 초보자라 할지라도 손쉽게 배울 수 있는 언어로서 정치 현상의 이해와 분석을 위한 주요 도구로 활용될 수 있다고 본다. 제1장에서는 컴퓨터 프로그래밍 언어로서 파이썬의 가치와 설치 방법을 설명한다.

제1절 컴퓨터 프로그래밍에서 파이썬이란?

컴퓨터 프로그래밍(computer programming)이란 인간이 원하는 일을 컴퓨터에게 시키기 위하여, 컴퓨터가 이해할 수 있는 언어로 명령을 내리는 것이다. 파이썬(Python)은 이를 위한 언어 중 하나이며, 다른 컴퓨터 언어와 유사하게 객체지향적 프로그래밍(Object-Oriented Programming)을 추구한다. 즉 파이썬은 단순한 명령어의 나열이 아닌 특정한 기능을 가진 '객체'들이 모여, 이러한 객체들이 명령을 수행한다. 따라서 파이썬은 명령어들의 실행 순서에 의한 실행이기보다는 특정한 기능을 가진 객체들이 중심이 되어 작업을 수행한다.

정치 현상을 연구하는 데 있어 왜 파이썬을 추천할까? 파이썬의 가장 큰 장점은 인간이 이해하기 쉬운 직관적 언어라는 데 있다. 즉 파이썬은 0과 1로 작성하여 컴퓨터에게 명령하는 것이 아니라 인간이 일반적으로 사용하는 언어(비록 영어지만)로 컴퓨터에게 명령을 내린다. 따라서 파이썬은 다른 컴퓨터 언어와 달리 비전공자도 쉽게 습득하고 사용할 수 있는 언어라는 점에서 큰 장점이 있다. 이러한 이유로 파이썬은 가장 대중적으로 사용되는 컴퓨터 언어로 평가받고 있다.

물론 파이썬에는 다른 장점도 있다. 먼저 파이썬은 오픈소스(open source) 프로젝트로서 누구나 무료로 이용할 수 있다. 이로 인해 수많은 개발자가 자신의 창작물을 공유하는 생태계가 이미 형성되어 있으며, 연구자가 필요로 하는 프로그램이 이미 만들어져 있는 경우가 상당수이다. 예를 들어, 파이썬 공식 웹 페이지(https://www.python.org/), 페이스북 한국 Python Korea 그룹(https://www.facebook.com/groups/pythonkorea/), 파이콘 한국 준비위원회(https://www.pycon.kr/) 등의 다양한 커뮤니티가 존재하며, Stack Overflow(https://stackoverflow.com/)에는 7백3십만 명의 개발자들이 의견을 나누고 있다(방문일: 2017년 6월 29일).

둘째, 파이썬은 플랫폼 독립이라는 특성을 지니고 있다. 즉 파이썬은 작성된 프로그램의 플랫폼(또는 운영체제)과 독립되게 다른 플랫폼에도 사용될 수 있다. 따라서 윈도우, 리눅스, 안드로이드, 맥OS 등의 운영체제에서 작성된 파이썬 프로그램은 다른 운영체제에서도 실행될 수 있다. 셋째, 파이썬은 인터프리터 언어로서 모든 소스코드를 하나로 모아 기계어로 번역하는 과정, 즉 컴파일러 과정 없이, 소스코드 한 줄 한 줄이 컴퓨터에게 직접 전달되어 처리된다. 따라서 프로그램의 오류를 다른 언어에 비해 쉽게 파악할 수 있다. 넷째, 파이썬은 커뮤니티 활동이 활발하기 때문에 다양한 프로그램이 이미 존재한다. 따라서 필요한 프로그램이 있을 경우, 기존의 프로그램을 활용하여 쉽고 빠르게 만들 수 있다. 이와 같은 다양한 장점들이 있기 때문에 향후 정치학을 위한 도구로써 파이썬의 활용도가 높으리라 본다.

이제 파이썬을 설치해 보자. 프로그래밍 언어를 설치하기 위해서는 어떤 운영체제에서 설치할 것인지, 어떤 종류의 파이썬을 설치할 것인지, 그리고 파이썬 코드를 만들기 위해 어떤 편집기를 사용해야 할 것인지를 결정해야 한다. 본 서에서는 여러분이 맥OS 또는 윈도우 운영체제를 사용하고 있으며, 파이썬 3.X 버전과 PyCharm이라는 편집기를 사용할 것이라고 가정한다.

제2절 파이썬 설치

파이썬은 파이썬 공식 웹 페이지(https://www.python.org/)에서 다운로드하여 설치할 수 있다. 파이썬은 크게 2.X 버전과 3.X 버전으로 구분된다. 2.X 버전과 3.X 버전 간의 코드 차이는 크지 않으며, 전자보다는 후자가 지속적으로 업데이트될 가능성이 높다.

설치의 예는 다음과 같다. 먼저 파이썬 공식 웹 페이지(https://www.python.org/)에 접근하자. 웹 페이지 상단 메뉴에는 About, Download, Documentation 등 다양한 메뉴가 있다. 이 중 Download에 마우스를 놓으면, All Releases, Source code, Windows, Mac OS X, Other Platforms 등 다양한 항목이 보인다. 이 중 사용자의 운영체제에 맞는 항목을 클릭하면, 사용자의 운영체제에 적합한 파이썬 다운로드 페이지로 연결된다. 더욱 간단한 방법은 Download 메뉴를 클릭하는 것이다. Download 메뉴를 클릭하면, 웹 페이지가 사용자의 운영체제를 파악하여 적합한 파이썬을 선택해 준다. 이렇게 사용자의 운영체제에 적합한 파이썬 설치 파일이 표시되면, 2.X 버전과 3.X 버전 중 하나를 선택하면 된다. 본 서의 경우 3.X 버전 중 하나인 Python 3.6.1을 선택했다.

사용자의 운영체제에 다운로드 파일을 설치하는 방법은 여타의 프로그램 설치 방법과 동일하다. 본 서의 경우, 윈도우(Windows 7)와 맥 OS(MacOS Sierra 버전 10.12.5)에 설치했다.

제3절 파이썬 편집기 설치

통계 프로그램과 같이, 컴퓨터 프로그래밍을 효율적으로 수행하기 위해서는 편집기가 필요하다. 사용자가 작성한 프로그램을 저장·수정하고, 배포하기 위해서는 편집기는 필수 요소이다. 물론 단순한 연산이나 프로그래밍의 경우, 파이썬 자체에서 제공하는 인터프리터, 즉 IDLE에서 작업할 수 있다. 그러나 다양한 객체들이 모여 작업을 수행하는 파이썬의 경우, 각 객체를 연결할 수 있는 작업환경이 절실히 요구된다.

파이썬 편집기는 운영체제에 따라 다양하게 존재한다. 물론 윈도우나 맥OS에서 기본적으로 제공하는 편집기, 예를 들어 윈도우의 워드패드, 맥의 텍스트 편집기 등을 사용할 수 있지만, 이러한 편집기는 여러 가지 면에서 제한이 크다.

본 서는 PyCharm 편집기를 사용한다. PyCharm을 사용하는 주요한 이유는 작업환경의 효율성 때문이다. 앞서 언급한 바와 같이, 파이썬은 객체지향적 프로그래밍이다. 파이썬은 마치 레고 블록과 같이 다양한 객체들이 모여 하나의 프로그램을 완성한다. 레고 블록이 다른 레고 블록들과 섞이지 않는 것이 좋은 것처럼, 파이썬 프로그램도 특정한 작업을 수행하는 프로그램들이 같은 공간에 놓이는 것이 바람직하다. PyCharm은 'Project'라는 기능을 통해 같은 공간 내에 작업요소들을 모아 놓을 수 있다.

PyCharm 교육용 버전은 PyCharm 공식 웹 페이지(https://www.jetbrains.com/pycharm-edu/)에서 무료로 다운로드받아 설치할 수 있다. 설치의 예는 다음과 같다. 먼저 PyCharm 교육용 웹 페이지(https://www.jetbrains.com/pycharm-edu/)에 접근해 보자. 교육용 웹 페이지 중단 부분의 GET PYCHARM EDU를 클릭하면, Download PyCharm Edu 항목 하단에 운영체제에 따른 설치파일이 제시된다. 또는 사용자가 대학교 내에서 접근할 경우, PyCharm 교육용 웹 페이지(https://www.jetbrains.com/pycharm-edu/)를 입력하면, 무료로 사용할 수 있는 파일이 제시될 것이다. 다운로드한 파일을 설치하는 방법은 다른 프로그램 설치 방법과 동일하다.

한 걸음 더 들어가기

만약 사용자가 보다 다양한 라이브러리를 사용하고 싶다면, 리눅스 설치를 권고한다. 특히 리눅스 배포판인 우분투(Ubuntu) 설치를 권고한다(https://www.ubuntu.com/). 우분투는 개인용 데스크톱과 노트북에서 가장 인기 있는 오픈소스로서 무료로 이용이 가능하다.

제4절 본 서의 구성

정치학자의 소명은 정치 현상의 본질과 그 문제점을 파악하여 개선책을 제시하는 데 있다. 이와 같은 소명을 달성하기 위하여, 정치학자는 다양한 분야로부터 도움을 받고 있다. 예를 들어, 통계학으로부터는 모집단 유추를 위한 다양한 통계 기법을 도움을 받고 있고, 경제학으로부터는 인간의 본성과 그에 따른 합리적 행동이 어떤 결과를 가져오는지에 대한 이론적 도움을 받고 있다. 나아가 사회학, 심리학 등 다양한 학문적 분야로부터 이론적·분석적 차원에서 다양한 도움을 받고 있다.

이제 그 도움을 컴퓨터학에서 찾고자 한다. 지금의 시대에는 정형화된 소규모 데이터뿐만 아니라 비정형화된 대규모 데이터인 빅데이터가 매초마다 생성되고 있기 때문이다. 물론 이와 같은 도움은 통계학으로

부터의 도움과 마찬가지로 목적이 아닌 '수단'이 되어야 한다. 정치 현상을 올바르게 이해하고 해소하기 위한 수단으로 통계학의 도움을 받듯이, 빅데이터 시대인 현대를 분석하기 위한 도구의 차원에서 컴퓨터학의 도움을 받는 것이 필요하다.

주지하다시피, 그동안 정치학 연구방법은 소규모이면서 일정한 양식을 가진 정형적 사료에 치중되어 있었다. 예를 들어, 선거 등에서 활용되는 여론조사 자료, 국회의원 법안 표결과 같은 개인 차원의 자료, 선거결과와 같은 집합 차원의 자료 등과 같이 정형적이고도 소규모인 자료를 대상으로 한 분석이 주를 이루었다.

그렇지만 지금의 정치학자는 이러한 자료에 자신의 연구를 제한시킬 필요가 없다. 현재의 정치학자는 트위터, 페이스북, 네이버 등 다양한 플랫폼을 통해 매초 매분 표현되는 시민의 의견을 분석할 수 있게 되었다. 또한 그간 고비용으로 인해 간과되어 오던 분야들, 예를 들어 국회의원 회의록(최준영·조진만 2013), 신문기사(박한우 2004) 등에 대한 분석도 이제 비교적 낮은 비용으로 가능하게 되었다. 나아가 행정부를 비롯한 각 정부기관에서 생성되는 세밀한 정보들을 실시간으로 분석할 수 있는 도구를 지니게 되었다.

본 서는 비정형적 자료, 특히 실시간으로 제공되는 빅데이터를 분석하기 위한 도구를 소개하는 데 목적을 두고 있다. 먼저 본 장인 제1장에서는 정치학에서 왜 컴퓨터 프로그래밍이 필요한지, 다양한 프로그램 언어 중 왜 파이썬을 이용하는지 설명했다.

이어지는 제2장에서 파이썬 기본 문법을 설명하고자 한다. 다른 언어와 마찬가지로 파이썬도 기본 문법이 충실해야 다양한 문장과 표현이 가능하다. 제2장의 핵심은 데이터 유형과 이들을 처리하기 위한 기능을 설명하는 데 있다. 예를 들어, 기본 데이터 유형인 문자형 데이터와 숫자형 데이터를 소개하고, 이들로 구성된 리스트, 튜플, 집합, 사전형 자료를 설명한다. 이어서 이러한 자료를 효율적으로 다루기 위한 다양한 문법을 소개한다. 예를 들어, 특정 조건이 부합될 경우 특정한 행위를 하는 조건문, 같은 동작을 반복하는 반복문 등을 설명한다. 또한 마치 레고 블록과 같이 특정 기능을 수행하는 함수, 클래스, 모듈, 그리고 패키지 등을 설명한다. 사실 컴퓨터 프로그래밍의 기본 문법을 충분히 습득한 연구자라면, 이미 파이썬을 사용할 준비가 되었다고 이야기할 수 있다. 다만 마치 영어 기본 문법에 익숙한 사람이 전문 분야를 선정하여 영어를 심화 학습하듯, 파이썬 기본 문법에 익숙한 사람도 자신의 분야에 적합한 분야를 선정하여 파이썬을 심화 학습할 필요가 있다. 제3장부터 제5장까지는 이러한 심화 학습에 해당한다.

제3장과 제4장은 데이터 수집 방법을 소개한다. 구체적으로 제3장은 웹 스크랩핑 기법을 통해 데이터를 추출하는 방법을 설명하고, 제4장은 API(Application Programming Interface)를 통해 데이터를 추출하는 방법을 설명한다. 네이버, 트위터, 통계청과 같이 사용자 편의를 위한 API가 제공된 경우에는 큰 비용 없이 웹 페이지에서 데이터를 추출할 수 있다. 그렇지만 대한민국 국회처럼 API가 제공되지 않을 경우에는 각 웹 페이지를 분석하여 필요로 하는 데이터를 추출해야 한다. 따라서 제3장에서는 웹 스크랩핑을 통한 데이터 수집방법을 소개하고 있다. 예를 들어, 웹 페이지에 데이터를 요청하는 기법(requests, selenium 등), 반환된 데이터에 대한 분석 및 추출 기법(정규표현식, BeautifulSoup 등)이 설명되고 있다. 물론 이와 같은 기법을 사용하기 위해서는 웹 페이지의 구조를 이해하는 것이 필수적이다. 따라서 제3

장은 HTML, XML, JSON 등의 웹 페이지 구조를 설명하고 있다.

제4장은 API를 통한 데이터 수집 방법을 소개하고 있다. API란 데이터 생성기관이 자신의 데이터를 보다 편리하게 사용할 수 있도록 사용자에게 제공한 프로그램이다. API를 이용할 경우, 다양한 데이터를 원하는 형태로 손쉽게 가져올 수 있는 장점이 있다. 제4장은 API 개념과 기관별 API 사용 방법에 초섬을 두었다. 소개되는 API는 네이버 API, 트위터 API, 그리고 통계청 API이다. 국내 포털 사이트, 해외 소셜네트워크, 그리고 정부 기관이 제공하는 API 사용법을 설명함으로써 다른 기관의 API 사용에 도움이 되도록 했다.

끝으로 제5장은 추출한 데이터를 분석하는 기법에 초점을 두었다. 특히 제5장은 한글 문서에 대한 분석에 초점을 두었다. 주지하다시피, 정량적 자료에 대한 계량적 분석은 활발히 진행되고 있다(엄기홍 2013). 그렇지만 신문, 회의록, 트위터, 페이스북 등과 같은 질적 자료, 득히 한글 사료에 내한 분석은 사료의 방대함 때문에 분석에 한계가 있다(엄기홍 2016). 따라서 제5장은 한글 형태소 분석에 대한 설명을 시작으로 한글 문서를 분석할 수 있는 몇 가지 기법을 소개하고 있다. 예를 들어, 단어의 빈도를 기준으로 단어를 시각화하는 워드클라우드, 그리고 단어들 간의 관계인 의미망을 통해 단어의 중심성과 관계강도를 파악하는 의미망 분석 등을 설명하고 있다. 물론 이와 같은 분석을 위해 활용되는 패키지, 예를 들어, Pytagcloud, NetworkX 등도 소개한다.

다시 한 번 강조하지만, 파이썬의 가장 큰 장점은 활발한 커뮤니티에 있다. 이들 커뮤니티들의 연구자들은 자신이 작성한 프로그램을 오픈소스 정신에 따라 공개하고 있기 때문에, 약간의 노력으로 자신의 연구에 필요한 프로그램을 만들 수 있다. 마치 스타워즈 레고를 만들려고 하는데, 거의 완성된 작은 블록들이 사방에 흩어져 있는 것과 같다. 본서 또한 이와 같은 오픈소스 정신에 입각하여 작성한 프로그램을 부록에 제시하였다. 본 서에 게재된 프로그램이 필요한 연구자는 주저 없이 사용하기를 바란다.

제2장

파이썬 기본 문법

제2장 파이썬 기본 문법

파이썬은 컴퓨터 프로그래밍 언어이다. 다른 언어와 마찬가지로, 파이썬을 능숙하게 다루기 위해서는 파이썬의 기본 용어와 기본 문법을 알아야 한다. 따라서 본 장에서는 파이썬의 기본 용어로 간주할 수 있는 두 가지, 즉 무언가를 담을 수 있는 상자인 변수, 그리고 상자에 넣을 데이터의 형태를 소개하고자 한다. 이후 파이썬의 기본 문법으로 간주할 수 있는 제어문과 프로그램 구조를 설명하고자 한다.

제1절 변수

변수(variable)란 데이터 또는 자료를 담을 수 있는 메모리의 저장 장소를 의미한다. 변수 자체는 마치 상자와 같은 하나의 빈 공간으로서 변화하는 값들을 담을 수 있는 역할을 한다. 이때 변화하는 값은 문자형 데이터, 숫자형 데이터, 함수 등 다양한 형태가 될 수 있다. 예를 들어, 변수 a에는 '홍길동'이라는 문자형 데이터,[1] 1004라는 숫자형 데이

1 작은따옴표(' ')는 해당 데이터가 문자형 데이터임을 선언하는 명령어이다. 큰따옴표(" ") 또한 사용할 수 있다. 숫자형 데이터의 경우에는 작은따옴표 또는 큰따옴표가 붙지 않는다.

터 등을 담을 수 있다.

```
a = '홍길동'
a
'홍길동'

a = 1004
print(a)
1004
```

위 예제는 a라는 변수에 문자형 데이터와 숫자형 데이터를 넣은 경우이다. 즉 a라는 상자에 '홍길동'이라는 문자를 넣고, 이후에는 1004라는 숫자를 넣었다. 따라서 a = '홍길동'을 입력한 후 a를 출력하면 '홍길동'이란 결과가 반환되는 반면, a = 1004를 입력한 후 a를 출력하면 1004란 숫자가 출력된다.

여기서 유념할 점은 '='이라는 기호는 왼쪽과 오른쪽이 같다는 의미가 아니라(즉 a와 홍길동이 같다는 의미가 아니라), 홍길동이라는 문자를 a라는 상자에 넣으라는 의미이다. 따라서 a라는 상자에는 홍길동이라는 문자도, 1004라는 숫자도 넣을 수 있다. 요컨대 변수는 프로그램에서 사용하기 위한 특정 값을 저장하기 위한 공간이다. 따라서 변수가 선언되는 순간 그 변수에는 값이 할당되고 해당 값은 컴퓨터의 메모리에 저장된다(최성철 2017). 따라서 a = '홍길동'이라는 선언은 a와 홍길동이 같다는 의미가 아니라, a라는 이름을 가진 공간에 '홍길동'이라는 값을 할당하고, 이를 컴퓨터의 메모리에 저장하라는 의미이다.

한 걸음 더 들어가기

만약 기존 변수에 특정 작업을 수행하고 싶다면, 어떤 방법이 있을까? 예를 들어, 위 예제의 a에 5를 더하고 싶다면 어떻게 해야 할까? 한 가지 방법은 a에 1004 대신 1009를 넣는 것이다. 그렇지만 이 방법은 기존 a에 5를 더하는 것이 아니라, a의 값을 1004 대신 1009로 치환하는 것이다. 보다 적절한 방법은 함수를 이용하는 것이다. 변수에 사용하는 함수는 dir( )를 사용하여 파악할 수 있다. 위 예제의 경우, __add__를 이용하여, a.__add__(5)를 하면 기존의 1004에 5를 더하는 명령문을 수행할 수 있다.

제2절 데이터 형태

변수라는 상자에는 다양한 형태의 데이터를 담을 수 있다. 먼저 문자형 데이터를 넣어 보고, 이어서 숫자형 데이터, 리스트, 튜플, 집합, 사전형 데이터 등을 넣어 보자.[2]

1. 문자형 데이터

문자형(string) 데이터란 문자로 구성된 자료이며, 자료 순서에 의미가 있다. 즉 ABC와 BCA는 다른 문자형 데이터이다. 이처럼 문자형 데이터는 순서에 의미가 있기 때문에 순서형 데이터(sequence data)라 부르기도 한다. 여기서 한 가지 유념할 점은 컴퓨터에서 보이는 문자가 사실은 특정한 문자열 인코딩(encoding) 방식으로 저장된 바이트(또는 비트) 간의 연결이라는 점이다.[3] 따라서 어떤 문자를 인간이 이해할 수 있

2 또 다른 형태로 Boolean 데이터가 있다. Boolean 형태의 데이터는 True(1) 또는 False(0)를 갖는 논리적 유형의 데이터이다.

3 이진수가 차지하는 한 자리를 비트(bit)라 하고, 8개의 비트를 바이트(byte)라 한다.

는 형태, 즉 깨지지 않은 문자로 보기 위해서는 '연결'에 관한 고유한 문자열 인코딩 방식을 알아야 한다. 파이썬 3버전의 경우, 모든 문자는 유니코드(unicode)이며, 문자열 인코딩 방식은 UTF-8로 설정되어 있기 때문에 다양한 문자를 특별한 명령어 없이도 인식할 수 있다. 그렇지만 파이썬 2버전의 경우, 인코딩 방식을 지정해 주어야 한다.[4]

문자열의 각 문자는 개별 주소(offset)를 가지며, 개별 주소를 이용하여 추출이 가능하다. 예를 들어, [표 2.1]에 제시된 것처럼 Hello란 단어의 경우 첫 번째 글자인 H는 0 값을, e는 1 값을, l은 2 값을, l은 3 값을, o는 4 값을 갖는다. 또는 역순으로 o은 -1 값을, l은 -2 값을, l은 -3 값을, e는 -4 값을, H는 -5 값을 갖는다(구글 파이썬 교육(https://developers.google.com/edu/python/), 방문일: 2017년 2월 12일).

[표 2.1] 인덱스 개별 주소 값

H	e	l	l	o
0	1	2	3	4
-5	-4	-3	-2	-1

이처럼 문자열에 주어진 개별 주소를 통하여 문자열을 다양하게 추출 또는 변경할 수 있다. 예를 들어, 문자 각각을 추출하고 싶다면, 인덱싱(indexing)을 통하여 원하는 문자 각각을 추출할 수 있다. 또는 문자의 특정

4 한글 환경에서 파이썬을 사용하다 보면, 인코딩 문제가 발생할 수 있다. 특히 윈도우 환경의 기본 인코딩 방식은 cp949이기 때문에 윈도우 환경에서 작업하는 경우, 한글 오류가 자주 발생한다. 이러한 문제들은 다음과 같은 방식으로 해결할 수 있다. 만약 사용 환경이 파이썬 2버전이라면, 스크립트 상단에 # -*- coding: utf-8 -*를 명시하고, 스크립트가 다른 인코딩(예를 들어, cp949)으로 되어 있을 경우 디코딩 처리한다. 만약 사용 환경이 파이썬 3버전이라면 다른 별도의 인코딩이 필요 없지만, 스크립트에 다른 인코딩이 적용되어 있을 경우에는 이를 바로잡아 줄 필요가 있다. 따라서 한글 오류를 사전에 방지하기 위해서는 파이썬 3버전을 사용할 것을 권장한다. 보다 자세한 내용은 이진석의 페이스북 글(https://www.facebook.com/groups/pythonkorea/permalink/1549452441804578, 방문일: 2017년 12월 13일)을 참조.

부분을 추출하고 싶다면, 슬라이싱(slicing)을 통하여 문자의 일부분을 추출할 수도 있다. 예를 들어, Hello에서 H를 추출하고 싶다면, Hello의 첫 번째 값인 0 또는 -5를 지정하여 추출하면 된다. 또는 Hello의 두 번째 값인 e부터 마지막 값인 o를 추출하고 싶다면, 슬라이싱 방법을 통하여 추출할 수 있다. '정치학 python'이란 예제를 통해 설명하면 다음과 같다.

```
s = '정치학 python'
s[0]        # indexing을 통해 문자열에서 개별 문자를 추출
s[2:5]      # slicing을 통해 문자열의 부분을 추출
s[ :3]      # 맨 처음부터 3번째까지 추출
s[4: ]      # 5번째부터 마지막까지 추출
s[2:-1]     # 3번째부터 마지막까지 추출
s[: :2]     # 맨 처음부터 두 칸 단위로 추출
```

본 서의 목적인 웹 스크랩핑에서 주로 사용하는 문자열 함수는 [표 2.2]와 같다.

[표 2.2] 문자열 함수

함수	기능
len( )	문자열에서 해당 문자의 개수를 반환
upper( )	대문자로 변환
lower( )	소문자로 변환
count( )	문자열에서 특정 문자가 들어간 횟수 반환
strip( )	( ) 안 기호를 기준으로 좌우 공백을 없앰. 만약 기호가 없을 경우, 공백으로 간주함
rstrip( )	오른쪽 공백을 없앰
lstrip( )	왼쪽 공백을 없앰
split( )	( ) 안 기호를 기준으로 나누어, 리스트로 반환. 만약 기호가 없을 경우, 공백으로 간주함
isdigit( )	문자열이 숫자인지 여부를 참 거짓 값으로 반환. 예를 들어 문자열 '123'의 내용이 숫자일 경우, 참 값으로 반환
startswith( )	문자열의 시작이 ( ) 안 문자로 시작하는지 여부를 참 거짓 값으로 반환
find( )	문자 위치
replace( )	문자 교체

2. 숫자형 데이터

숫자형(number) 데이터란 실수(rational number)로 구성된 자료를 의미한다. 파이썬에서의 숫자형 데이터는 크게 정수(integer, int), 실수(floating-point decimal number, float)로 구분되며, 사칙연산이 가능하다. 이때 사칙연산을 위한 기호를 연산자(operator)라 하고, 사칙연산의 대상이 되는 숫자형 데이터를 피연산자(operand)라 한다.[5] 프로그래밍에서의 연산 순서는 수학에서의 연산 순서와 같다.

```
a = 3.5
b = 4
type(a)        # 변수의 데이터 유형을 말해 주는 함수
type(b)

print(a+b)
print(a-b)
print(a*b)
print(a/b)
print(a**a)
```

만약 숫자가 문자형 데이터로 선언되어 있다면, 숫자형 데이터로의 변경이 가능하다. 같은 논리로 숫자형 데이터로 선언된 데이터도 문자형 데이터로 변경이 가능하다. 예를 들어, 숫자 123은 str( ) 함수를 이용하여 문자형 데이터로 선언할 수 있다. 또한 int( ) 또는 float( )를 통하여 문자형 데이터로 선언된 숫자를 숫자형으로 변형할 수 있다.

---

5 문자형 데이터 또한 피연산자가 될 수 있다. 여기서 유념할 점은 파이썬에서는 같은 유형의 연산만이 가능하다는 점이다. 즉 문자형과 문자형의 연산, 숫자형과 숫자형의 연산은 가능하지만, 다른 유형 간의 연산(예를 들어 문자형과 숫자형의 연산)은 불가능하다.

```
a = 3.5
b = 4
type(a)
a = str(3.5)
type(a)
print(a+b)    # 숫자형 데이터와 문자형 데이터 간의 사칙연산은 불가능

b = str(b)
print(a+' '+b)
a = float(a)
b = int(b)
print(a+b)
```

3. 리스트

리스트(list)란 여러 형태의 데이터가 순서형(sequence)으로 결합된 모음이다. 이때 여러 형태란 문자형, 숫자형 또는 문자형과 숫자형 데이터를 의미한다. 리스트 데이터는 [ ] 또는 list( )로 표기하며, 문자열 데이터와 유사하게 처리될 수 있다(구글 파이썬 교육(https://developers.google.com/edu/python/), 방문일: 2017년 2월 13일).

```
colors = ['red', 'blue', 'green']
print(colors[0])
print(colors[2])
print(len(colors))
```

colors 변수에는 'red', 'blue', 'green', 이렇게 세 개의 문자열이 하나로 담겨 있다. 문자열 데이터와 유사하게, 리스트의 첫 번째 요소는 red이고, 두 번째 요소는 blue이며, 세 번째 요소는 green이다.

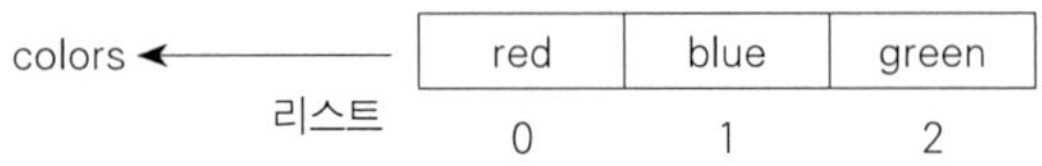

〈그림 2.1〉 리스트 데이터

리스트에 있는 값들은 문자열 데이터와 유사하게 개별 주소 값을 갖고 있어, 인덱싱, 슬라이싱, 연산 등이 가능하다. 즉 리스트의 개별 주소 값에 해당하는 문자열을 가져올 수 있으며, 부분을 추출할 수도 있고, 문자열 간의 더하기나 곱하기 등도 가능하다.

```
hi = ['larry', 'curly', 'moe']
print(hi[0])
print(hi[0:2])

hi.append('shemp')          # 새로운 값(shemp)을 hi의 맨 끝에 배치
hi.insert(0, 'xxx')         # 특정 위치에 xxx를 삽입
hi.extend(['yyy', 'zzz'])   # hi 리스트에 ['yyy', 'zzz']를 삽입
hi.index('curly')           # curly가 위치한 개별 주소 파악
hi.remove('curly')          # hi에서 curly 제거

num = [0, 1, 2]
hi[0] = num
print(hi)
```

가령 ['larry', 'curly', 'moe'] 리스트를 hi 변수에 담아 보자. 문자열 데이터와 유사하게, hi 변수의 첫 번째 요소(hi[0])는 larry이고, 두 번째 요소(hi[1])는 curly이다. 따라서 인덱싱을 통해 관련 요소를 추출할 수 있다. 같은 맥락에서 첫 번째 요소와 두 번째 요소에 해당하는 부분을 슬라이싱할 수도 있다.

리스트는 다양한 데이터 형태 간의 결합이기 때문에 기존의 데이터

를 제거하거나 변경할 수 있고, 기존의 데이터에 또 다른 데이터를 더할 수도 있다. 예를 들어, append를 사용하여 기존의 리스트에 데이터를 더할 수 있으며, insert를 사용하여 특정 장소에 데이터를 추가할 수 있다. extend를 사용하여 또 다른 리스트도 기존의 리스트에 더할 수 있으며, remove를 사용해 기존 리스트의 데이터를 제거할 수 있다.

리스트의 장점 중 하나는 서로 다른 데이터 형태를 결합할 수 있다는 데 있다. 예를 들어, 문자열 데이터에 숫자형 데이터를 결합할 수 있다. 위 예제와 같이 문자열 데이터로 구성된 hi 변수에 숫자열 데이터로 구성된 num 변수를 삽입할 수 있다.

4. 튜플

튜플(tuple)은 여러 형태의 데이터 결합이란 점에서 리스트와 유사하나, 값의 변경이 불가능하다는 점에서 리스트와 차이가 있다. 즉 튜플은 인덱싱, 슬라이싱, 사칙연산 등에 있어서는 리스트와 유사하나, 새로운 데이터를 변경, 추가 또는 제거하지는 못한다. 따라서 데이터가 보존되어야 할 경우, 튜플 형태로 데이터를 저장하는 것이 바람직하다. 튜플의 선언방식은 tuple( ) 또는 ( )를 사용한다(Pilgrim 2009).

```
a_tuple = ('a', 'b', 'mpilgrim', 'z', 'example')

print(a_tuple)
print(a_tuple[0])
print(a_tuple[-1])
print(a_tuple[1:3])
# a_tuple.append('hello')
# a_tuple.remove('a')
```

위 예제와 같이, a_tuple 튜플 변수는 다양한 형태의 데이터를 결합한 데이터이다. 리스트와 같이, 다양한 문자형 데이터와 숫자형 데이터로 구성되어 있으며, 인덱싱, 슬라이싱 등이 가능하다. 그러나 튜플의 경우, 새로운 데이터를 추가하거나 삭제할 수 없으며, 변경 또한 불가능하다. 가령 a_tuple 변수에 append를 사용하여 'hello'라는 문자열 데이터를 추가하고자 할 경우, 튜플 객체는 append 속성이 없다는 오류 메시지가 출력되면서 추가되지 않는다. 마찬가지로 remove를 사용하여 기존의 데이터 일부를 삭제할 수도 없다.

5. 집합

집합(set)은 순서에 의미가 없는 데이터의 모음이다. 집합은 set( ) 또는 { }로 표기하며, 새로운 값을 추가하거나 삭제하는 것이 가능하다. 단 중복된 값은 추가되지 않는다.[6]

```
a_set = {1, 2, 3}
type(a_set)
a_set.add(4)
a_set.remove(4)
a_set.update({4, 5})          # 중복되지 않은 값만 업데이트
a_set.add(5)
```

집합은 수학에서 사용되는 교집합(intersection( )), 합집합(union( )), 차집합(difference( )) 등 다양한 집합연산이 가능하다.

---

6 집합의 선언방식인 { }는 후술하는 사전형 자료의 선언 방식과 유사하다. 따라서 { }에 어떤 값을 넣는가에 따라 데이터 유형이 달라진다. 만약 {1, 2, 3}과 같이 한 가지 요소만을 지닌 데이터를 입력할 경우 { }는 집합형으로 인식되는 반면, {a: 1, b: 2, c: 3}과 같이 두 가지 요소를 지닌 데이터를 입력할 경우 { }는 사전형 자료로 인식된다. 만약 어떤 값도 { }에 입력되지 않을 경우, 데이터 유형은 사전형 자료이다.

6. 사전형 자료

사전형 자료(dictionary)는 키-값 쌍(key-value pair)의 모음이다. key는 고유한 값으로서 다른 값들과 구분할 수 있는 기준이 된다. value는 각 key에 덧붙여진 정보이다. 사전 선언 방식은 dict( ) 또는 { }이며, {key1: value1, key2: value2, key3: value3, …} 형태로 구성된다. 만약 사용자가 key를 알고 있으면, 이에 해당하는 value를 불러올 수 있다.[7]

```
user_info = {'a': 20170001, 'b': 20170002, 'c': 20170003}
type(user_info)
user_info['a']
user_info['c'] = 20170004
user_info['a'] = ['z']
user_info.items()  # dict 데이터 출력
user_info.keys()   # dict의 key만 출력
user_info.values() # dict의 value만 출력
```

한 걸음 더 들어가기

입력된 데이터를 어떻게 꺼낼 수 있을까? 메모리에 저장된 데이터를 반환하는 구조는 크게 두 가지이다. 스택(stack)은 나중에 넣은 데이터를 먼저 반환하도록 설계된 메모리 구조이며, 큐(queue)는 먼저 넣은 데이터를 먼저 반환하도록 설계된 메모리 구조이다. 예를 들어, 스택은 택배물처럼 나중에 쌓은 배달물이 먼저 배달되는 방식이고, 큐는 은행의 번호표처럼 먼저 받은 번호표로 순서대로 호출하는 구조이다(최성철 2017).

파이썬은 리스트를 사용하여 스택과 큐 데이터 구조를 실현한다. 입력은 append를 사용하며, 출력은 pop을 사용한다. pop은 리스트상의 값을 삭제하고 출력하는 방식이다. 만약 pop( )을 사용하면, 맨 나중에 입력한 값이 삭제되며 출력된다(즉 스택 방식). 반면 pop(0)을 사용하면(즉 리스트의 첫 번째 요소), 맨 처음에 입력한 값을 삭제하고 출력한다(즉 큐 방식).

```
a = [1, 2, 3, 4, 5]
a.append(10)

a.pop()     # 스택 방식
a.pop(0)    # 큐 방식
```

7 그러나 반대의 경우는 그렇지 않다.

제3절 제어문

1. 조건문

조건문(condition)이란 조건에 따라 특정한 동작을 수행하는 명령문을 의미한다. 조건문 명령어는 if, elif, else 등으로 구성되며, 조건문 명령어에 이어 특정 동작을 하게 하는 〈수행문〉이 이어진다. 조건문 구성은 〈그림 2.2〉와 같다.

조건문의 개념	예제

if <조건 1> :
  <수행문 1>
elif <조건 2> :
  <수행문 2>
else :
  <수행문 3>
	score = float(input()) # 사용자 입력 사항
	if score >= 90:
	  grade = 'A'
	elif score >= 80:
	  grade = 'B'
	else :
	  grade = 'C'

〈그림 2.2〉 조건문의 구성

〈그림 2.2〉에 제시된 것처럼, 〈조건 1〉이 참이면 〈수행문 1〉을 수행하고, 〈조건 1〉이 거짓이고 〈조건 2〉가 참일 경우 〈수행문 2〉를 수행한다. 만약 〈조건 1〉도 거짓이고 〈조건 2〉도 거짓이면, 〈수행문 3〉을 수행한다. 이러한 구성을 실례로 구현한 것이 〈그림 2.2〉의 예제이다. 예제의 첫 명령어인 float(input( ))는 숫자(float)로 사용자의 입력(input( ))을 받는 명령문이다.[8] 만약 사용자가 90을 입력하면(if score >= 90:),

8 input( ) 데이터 유형은 문자형이기 때문에 float( )를 통해 숫자형으로 바꿀 필요가 있다.

grade 변수에 A가 담긴다. 만약 사용자가 입력한 숫자가 80 이상 90 미만이면(elif score >= 80:), grade 변수에 B가 담긴다. 끝으로 사용자가 입력한 숫자가 〈조건 1〉과 〈조건 2〉에 부합하지 않으면, grade 변수에 C가 담기게 된다. 만약 if 이후에 다른 조건이 없다면, elif 또는 else는 생략할 수 있다.

여기서 유념할 점은 〈조건〉 이후에 ':'를 넣어야 하며, 〈수행문〉은 들여쓰기(indentation)를 한 후 수행할 명령어를 입력해야 한다는 점이다.[9] 만약 〈수행문〉이 두 개 이상일 경우에는 동일한 들여쓰기의 조건하에 명령어를 입력해야 한다. 조건문에 주로 사용되는 비교 연산자는 다음과 같다.

[표 2.3] 비교 연산자

연산자	설명
x 〈 y	x는 y보다 작음
x 〉 y	x는 y보다 큼
x == y	x와 y는 같음
x != y	x와 y는 같지 않음
x 〉= y	x는 y보다 크거나 같음
x 〈= y	x는 y보다 작거나 같음

주: 조건문은 10 〈 x 〈 20 과 같은 표현으로도 가능함

조건문에는 논리적 키워드도 사용될 수 있다. 예를 들어 and는 조건 모두가 맞을 때, or은 조건 중 하나만 맞을 때, not은 해당 조건이 아닐 때 사용된다.

9 파이썬 스크립트 작성 가이드라인(PEP8) 권고에 따라, 일반적으로 4칸 들여쓰기를 권고한다(https://www.python.org/dev/peps/pep-0008/#indentation, 방문일: 2017년 12월 13일).

2. 반복문

반복문(loop)이란 특정 동작을 반복적으로 수행하는 명령문을 의미한다. 반목문의 명령어로서는 for, while 등이 있다. 먼저 for 구문을 살펴보자.

for 구문의 개념	예제

for 변수 in <범위> :
  <수행문>
	for count in [1, 2, 3, 4, 5] :
	  print(count)
	또는
	for count in range(0, 6):
	  print(count)

주: range( )는 마지막 숫자 전까지 리스트를 만들어 준다.

〈그림 2.3〉 for 반복문의 구성

for 구문은 〈범위〉와 〈수행문〉으로 구성된다. for 구문은 〈범위〉에 제시된 값 하나하나를 변수에 할당하고, 각 값은 〈수행문〉의 명령어에 따라 작업을 수행한다. 예를 들어 〈그림 2.3〉 예제에서의 〈범위〉는 [1, 2, 3, 4, 5]이다. for count in [1, 2, 3, 4, 5]란 범위에 있는 각각의 값을 count 변수로 할당하라는 의미이며, 〈수행문〉 print(count)는 할당된 변수의 값을 각각 출력하라는 의미이다.

이와 같은 반복문은 range 함수를 통해 보다 편리하게 지정할 수 있다. 예를 들어, 1부터 5까지의 범위는 range(1, 6)으로 표시할 수 있다. 또한 range( )는 범위에 해당하는 값들이 어떠한 단위로 증감하는지도 지정할 수 있다. 예를 들어 range(1, 10, 2)는 1부터 9까지 2 단위로 증가시키면서 반복문을 수행하라는 의미이다.

한 걸음 더 들어가기

for 구문과 함께 자주 쓰이는 함수로서 enumerate 함수가 있다. enumerate는 단어가 의미하는 그대로(즉 '각각 열거하다'라는 의미 그대로), 순서가 있는 데이터(즉 문자열, 리스트, 튜플)를 입력으로 받아, 순서형 데이터의 개별 주소(offset)와 이에 해당하는 값을 각각 열거해 준다(박응용 2017). 따라서 enumerate 함수는 데이터의 개별 주소와 이에 해당하는 값을 구하고 싶을 경우, 유용하게 활용될 수 있다.

```
for i, name in enumerate(['body', 'foo', 'bar']):
    print(i, name)
```

while 구문은 〈조건〉과 〈수행문〉으로 구성되며, 〈조건〉이 만족되는 동안 〈수행문〉에 제시된 사항을 수행하라는 의미이다. 예를 들어, 〈그림 2.4〉 예제와 같이 i 변수에 초기값 1을 할당한다. 이후, i 값이 10 미만일 때까지(while i < 10 :), 변수에 할당된 숫자를 계속 출력하고(print(i)), 출력한 후 1을 더하라는 명령문을 작성할 수 있다(i = i + 1).

while 구문의 개념	예제

while <조건> :
  <수행문>
	i = 1 # i에 초기값 1을 할당
	while i < 10 : # i가 10 미만이면,
	  print(i) # i에 할당된 숫자를 출력
	  i = i + 1 # 출력 이후 i에 1을 더함

주: i = i + 1는 i += 1로도 표기가 가능하다.

〈그림 2.4〉 while 반복문의 구성

일반적으로 for 구문은 반복의 횟수가 명확한 경우에 사용하고, while 구문은 반복의 횟수가 명확하지 않을 때 사용한다. 그렇지만 for 구문과 while 구문은 상호 교차적으로 사용할 수 있다.

while 구문	for 구문

i = 1
while i < 10 :
  print(i)
  i = i + 1
	for i in range(1, 10, 1) :
	  print(i)

〈그림 2.5〉 while 구문과 for 구문의 비교

반복문은 break, else, continue 명령어를 사용하여 반복을 제어할 수 있다. break는 조건(if)이 맞을 경우, 반복을 종료하라는 의미이다. 반면 else는 조건(if)이 맞지 않을 경우, 반복을 종료하라는 의미이다. 그리고 continue는 조건(if)이 맞을 경우, 그 값은 건너뛰고 다음에서 계속하라는 의미이다.

이와 같은 제어문을 사용하여 특정 값에 대하여 특정 동작을 실행할 수 있다. 예를 들어 값이 5가 될 때의 특정한 행위를 원한다면, 아래와 같은 수행문을 통해 특정 동작을 수행할 수 있다.

```
for i in range(10):
  if i == 5: break       # i가 5가 되면, 반복을 종료하라
  print(i)

for i in range(10):
  if i == 5: continue   # i가 5이면, 그 값은 건너뛰어라
  print(i)

for i in range(5):
  print(i)
else:                    # i가 5이면, else 명령을 수행하라
  print('Hello')
```

제4절 프로그램의 구조

파이썬은 레고를 만드는 방식과 유사하게 프로그램을 만든다. 예를 들어 파이썬의 명령어는 레고의 블록에 비유될 수 있다. 여러 개의 블록이 모여 하나의 모양을 만들듯(예를 들어, 광선검), 여러 개의 명령어가 모여 특정한 기능을 수행하는 함수와 클래스가 된다. 여러 개의 모양들이 모여 하나의 피규어를 만들듯(예를 들어, 제다이), 여러 개의 함수와 클래스가 모여 모듈이 된다. 끝으로 여러 개의 피규어들이 모여 하나의 작품을 만들듯(예를 들어, 스타워즈), 여러 개의 모듈이 모여 하나의 패키지 또는 라이브러리가 된다. 이렇게 파이썬으로 만들어지는 프로그램은 함수, 클래스, 모듈, 패키지, 그리고 라이브러리 등이 있다.

1. 함수

파이썬 프로그램의 기본 요소인 함수(function)는 특정한 기능을 수행하는 명령어들의 모음이다. 함수의 구조는 다음과 같다.

```
def 함수이름(인자1, 인자2, …) :
  <수행문>
  return <반환 값>
```

〈그림 2.6〉 함수의 구조

함수의 이름은 변수의 이름과 같이 일반적으로 snake_case를 따른다. snake_case란 단어와 단어 사이에 밑줄(_)을 삽입하고, 각 단어는 소문자로 시작하는 형태를 의미한다. 예를 들어, do_it_now 등이 함수

이름으로 사용되지만, Do.It.Now 등은 사용되지 않는다.[10]

프로그램에서의 함수를 수학 함수와 비교해 설명해 보자. 프로그램에서의 함수 계산은 수학에서의 함수 계산과 유사한 논리적 구조를 가지고 있다. 즉 함수를 정의한 후, 그 함수에 삽입할 값을 넣으면, 결과 값이 나오는 구조이다(최성철 2017). 예를 들어, 〈그림 2.7〉에 제시된 바와 같이, f(x)=2x+7, g(x)=x2, x=2일 때 f(x)+g(x)+f(g(x))+g(f(x))의 값을 구하는 것을, 수학의 언어와 프로그래밍의 언어로 비교해 보자.

<table>
<tr><th>수학 함수</th><th>프로그램 함수</th></tr>
<tr><td>f(x)=2x+7

g(x)=x2

x=2
f(x)+g(x)+f(g(x))+g(f(x))</td><td>def f(x):
  return 2*x + 7
def g(x):
  return x**2
x=2
print(f(x)+g(x)+f(g(x))+g(f(x)))</td></tr>
</table>

〈그림 2.7〉 수학 구조와 함수 구조

함수의 형태는 인자(argument) 유무 그리고 반환 값(return value) 유무에 따라 네 가지 형태로 구분된다(최성철 2017). 인자란 미지수로서 향후 사용될 값을 담는 변수를 의미하며, 반환 값이란 함수 수행의 결과 값을 의미한다. 반환 값은 입력에 따라 변화하기 때문에 반환 값을 표시하고자 한다면, print 등의 수행문을 별도로 삽입해야 한다.

10 함수 이름이 snake_case를 따르는 이유는 함수 등의 집합체인 패키지에서 모듈과 함수를 불러올 때 발생할 수 있는 오류를 방지하기 위함이다.

[표 2.4] 함수의 형태와 행위

함수 형태	행위
① 인자 X, 반환 값 X:	함수 내의 수행문만 수행. 항상 같은 값만 출력
② 인자 O, 반환 값 X:	인자를 사용, 수행문만 수행. 인자에 따라 다른 값 출력
③ 인자 X, 반환 값 O:	인자 없이, 수행문 수행 후 결과 값 반환
④ 인자 O, 반환 값 O:	인자를 사용하여 수행문 수행 후 결과 값 반환

인자에는 숫자형 또는 문자형 데이터가 삽입될 수 있으며, 다른 형태의 인자, 예를 들어 변수도 삽입될 수 있다. 예를 들어, 아래 예제의 a_rectangle_area 함수는 인자나 반환 값이 없는 경우이다. 따라서 a_rectangle_area( )를 입력할 경우, a_rectangle_area( ) 내에 주어진 〈수행문〉 print(2*3)만을 수행된다. 따라서 a_rectangle_area 함수의 결과 값은 언제나 6이 된다.

```
def a_rectangle_area():
  print(2*3)
a_rectangle_area()

def b_rectangle_area(x, y):
  print(x*y)
b_rectangle_area(4, 5)

def c_rectangle_area():
  return print(6*7)
c_rectangle_area()

def d_rectangle_area(x, y):
  return print(x*y)
d_rectangle_area(8, 9)
```

한편 b_rectangle_area 함수의 경우, 인자(x와 y)는 있는 반면 반환 값(return)은 없다. 따라서 인자에 주어지는 값에 따라 〈수행문〉 print(x*y)의 결과 값이 표시된다. 위 예제의 경우, 함수 b_rectangle_area(4, 5)의 인자 값은 x=4, y=5이기 때문에, print(4*5)의 결과 값 20이 표시된다.

c_rectangle_area와 d_rectangle_area의 경우, 함수 이행에 따른 결과가 반환되도록 하는 명령어(return)가 주어져 있다. 일반적으로 반환 명령어(return)는 반환 값을 다른 함수에 사용하기 위해 사용되기 때문에 화면에 표시되지 않지만, 위 예제의 경우 설명의 편의를 위해 print 명령어를 사용하여 화면에 표시하도록 했다. c_rectangle_area 함수의 경우, a_rectangle_area와 같이 인자 없이 함수의 결과 값만을 반환하도록 했다. 따라서 c_rectangle_area의 경우, 괄호 안에 어떤 값을 넣든지 항상 print(6*7)의 결과인 42가 반환된다. 만약 인자에 따라 반환 값이 달라지기를 원한다면, d_rectangle_area와 같이 인자를 삽입하고 〈수행문〉의 반환 값을 print(x*y)로 변경하면 된다.

2. 클래스

프로그래밍을 할 때 때로는 같은 동작을 반복해서 행해야 할 때가 있다. 앞서 설명한 함수는 이러한 목적에 부합하는 프로그램이다. 그렇지만 만약 투입되는 인자가 여러 개이거나 함수에 또 다른 함수를 삽입해야 할 경우에는 이 같은 방식이 비효율적일 수 있다. 이런 경우 사용할 수 있는 프로그램으로 클래스(class)가 있다.

붕어빵을 예로 들어 보자. 가령 눈, 입, 아가미 등 다양한 요소가 반영된 붕어빵을 만들고자 할 경우, 어떤 방법이 효율적인 방법일까? 눈,

입, 아가미 등을 각각 만든 후에 붙이는 것보다는 붕어빵 '틀'을 만들어 한 번에 붕어빵을 만드는 것이 효율적일 것이다. 즉 눈, 입, 아가미 등의 모양을 갖춘 붕어빵 틀을 만들어 놓고, 원할 때마다 반죽과 팥을 넣어 같은 모양의 붕어빵을 만드는 것이 효율적일 것이다.

파이썬에서는 붕어빵 틀을 클래스, 반죽과 팥을 데이터, 그리고 붕어빵 틀로 만들어진 결과를 객체(또는 인스턴스)라고 부른다. 또한 붕어빵 틀의 다양한 요소를 클래스에서는 속성(attribute)이라 부른다. 달리 이야기하면, 붕어빵 틀(클래스)에 새겨진 모양(속성)에 따라, 반죽과 팥을 넣어 돌리면(데이터), 새로운 붕어빵(객체)이 만들어지는 경우와 같다(최성철 2017).

이와 같이 객체지향 프로그램(Object-Oriented Program)인 파이썬은 클래스를 통하여 객체(object)를 만든다. 새로운 데이터가 입력됨에 따라 새롭게 만들어지는 객체는 클래스의 속성과 행동을 이어받는다. 클래스의 구조는 다음과 같다.[11]

```
class 클래스이름( ) :
  def __init__(self, 속성1, 속성2) :
    self.속성1 = 속성1
    self.속성2 = 속성2
  def 함수이름(self) :
    <수행문>
    return <반환 값>

객체 = 클래스이름('속성1', '속성2')
```

〈그림 2.8〉 클래스의 구조

11 클래스의 이름은 일반적으로 CamelCase(또는 medial capitals)를 따른다. CamelCase는 각 단어의 첫 번째 글자를 대문자로 시작하며, 단어 사이에 빈 칸이 없다.

〈그림 2.8〉에 제시된 구조를 기본으로 아래 예제처럼 Student라는 클래스를 만들어 보았다. Student 클래스에는 두 개의 함수, 즉 __init__ 함수와 about_me 함수가 있다. __init__ 함수는 객체 초기화 함수로서 새로운 데이터가 입력될 때마다 클래스를 초기화한다. 이 함수는 함수 스스로를 가리키는 self, 그리고 속성인 name과 age로 구성되어 있다. 따라서 __init__ 함수는 name과 age에 새로운 정보가 입력될 때마다 기존 데이터를 초기화한 후 스스로에게 새로운 정보를 부여한다. 예를 들어, student1 = Student('홍길동', 20)의 형식으로 Student의 첫 번째 인자와 두 번째 인자에 새로운 정보가 입력되면, 기존 정보를 초기화한 후 Student 스스로 name에 '홍길동', 그리고 age에 20이란 정보가 담긴 student1 객체를 생성한다. 따라서 student1.name 명령어는 student1에 담긴 name의 값, 즉 '홍길동'을 출력하며, student1.age 명령어는 student1에 담긴 age의 값, 즉 20을 출력한다.

```
class Student():
  def __init__(self, name, age):
    self.name = name
    self.age = age
def about_me(self):
    print('제 이름은 '+self.name+'이며, 나이는 '+str(self.age)+'살입니다')

student1 = Student('홍길동', 20)
student1.name
student1.age
student1.about_me()
```

두 번째 함수인 about_me 함수는 객체에 담긴 내용을 이용하여 문장을 출력하는 함수이다. 앞서 언급한 바와 같이, self를 통해 생성된 객체에는 name과 age 속성이 담겨 있다. 따라서 student1.about_me( )를 입력할 경우, '제 이름은 홍길동이며, 나이는 20살입니다'가 출력된다.

한 걸음 더 들어가기

만약 클래스 속성 중 다른 사람에 의한 접근을 불허하고 싶은 속성이 있다면, 속성 앞에 '__'을 붙이면 다른 사람에 의한 접근을 불허하는 private 속성이 만들어진다. 예를 들어, 위 예제에서 age라는 속성에 대해 다른 사람에 의한 접근을 불허하고 싶다면, self.age 대신 self.__age로 작성하면 된다.

3. 모듈

모듈(module)이란 여러 개의 함수 또는 클래스의 묶음을 의미한다. 모듈 파일의 확장사는 py이다(예, abc.py). 만약 동일한 폴더에 서로 다른 모듈이 있다면, import 명령어를 사용하여 프로그램에 불러들여 사용할 수 있다. 모듈을 프로그램에서 불러오는 방식은 크게 모듈 전체를 불러들여 사용하는 방식(import module), 또는 일부 함수 또는 클래스만을 불러들여 사용하는 방식(from module import class) 등으로 나뉜다.[12] 만약 불러온 모듈의 이름을 변경하고 싶다면(즉 너무 길어 약자를 사용하고 싶다면), as 명령어 이후에 별칭을 붙여 사용할 수 있다(import module as md). 일반적으로 모듈은 모듈의 일부를, 즉 필요한 함수 또는 클래스만 불러오는 것을 권고한다.

파이썬에는 이미 상당한 수의 모듈이 존재한다. 예를 들어, 파이썬 자체적으로 제공하는 모듈에는 random(난수생성기), time(시간),

12 호출한 모듈 그 자체는 원본 폴더에 그대로 유지되지만, 프로그램에 사용되는 순간 다른 형태로 컴파일되어 __pycache__ 폴더 안에 임시로 저장된다(최성철 2017).

request(웹 접근) 등이 있다.[13]

```
import random
ramdom.randint(1, 100)

from urllib import request
r = request.urlopen('http://www.knu.ac.kr')
```

파이썬의 가장 큰 장점은 커뮤니티의 왕성한 활동이다. 오픈소스 특성상 많은 개발자들이 이미 상당수의 모듈을 개발했고, 이를 다른 사용자와 공유하고 있다. 따라서 연구자는 새로운 모듈을 개발하기 전에 요구하는 프로그램이 존재하는지 여부를 확인할 필요가 있다. 만약 필요한 모듈이 이미 존재한다면, 다운로드하여 내장 모듈과 같은 방식으로 실행하여 사용할 수 있다.[14]

4. 패키지

패키지(package)란 여러 개의 모듈을 모아 놓은 단위로서 하나의 독립적인 프로그램이다. 파일 확장자는 pkg이다. 패키지는 폴더와 모듈로 구성되는데, 각 폴더에는 __init__.py 파일이 있어, 해당 폴더가 패키지의 일부임을 알려 준다. 단, 가장 상위에 있는 __init__.py는 각 폴더를 연결해 주는 역할을 한다. 가상의 패키지인 game 패키지를 통해 패

13 파이썬 내장 라이브러리에 대한 자세한 내용은 파이썬 매뉴얼 사이트(https://docs.python.org/3/library, 방문일: 2017년 2월 22일)를 참고.

14 개발자가 작성한 모듈을 찾는 방식은 다양하지만, 구글 검색(google.com)을 통한 방법을 권고한다. 또한 Stack Overflow(http://stackoverflow.com/)에 문의하는 것도 방법이다. 모듈을 설치하는 방법은 윈도우 환경에서는 커맨드 창(command 또는 command console)에서, 맥OS 환경에서는 터미널(terminal)에서 [pip3 install 패키지명]을 입력하면 된다. PyCharm의 경우, 환경설정 → Preferences → Project Interpreter → 사용하는 파이썬 버전 설정 → 하단 +기호 클릭 → 패키지명 → install Package 순서로 설치할 수 있다.

키지 구조를 살펴보면 다음과 같다(박응용 2017).

```
game/                       # 패키지 이름
  sound/                    # 폴더
    __init__.py             # 이 폴더가 패키지의 일부임을 확인함
    echo.py                 # 모듈
    wav.py
  graphic/
    __init__.py
    screen.py
    render.py
  play/
    __init__.py
    run.py
  __init__.py               # 패키지 초기화 스크립트
  __main__.py               # 윈도우즈의 exe 파일과 같은 실행 파일
```

〈그림 2.9〉 패키지의 구조

패키지를 만드는 방식은 다음과 같다. 첫째, 기능별로 폴더를 만들고, 폴더별로 필요한 모듈을 만든다. 예를 들어 game 패키지의 경우, sound 폴더, graphic 폴더, play 폴더를 만들었다. 그리고 sound 폴더에는 echo.py, wav.py를, graphic 폴더에는 screen.py, render.py를, 그리고 play 폴더에는 run.py를 만들었다. 끝으로 각 모듈이 잘 실행되는지를, 커맨드 창 또는 터미널에서 확인했다.

둘째, 각 폴더별로 __init__.py를 만든다. 예를 들어, 최상위의 __init__.py는 각 폴더의 이름과 해당 폴더를 불러들이는 것으로 구성된다.

```
__all__ = ['sound', 'graphic', 'play']    # 폴더명 입력
import sound                              # 폴더 호출
import graphic
import play
```

각 폴더에 있는 __init__.py 파일의 구성은 최상위에 위치한 __init__.py 구성과 유사하다. 예를 들어 sound 폴더에 있는 __init__.py는 모든 모듈명을 입력하고, 해당 모듈을 불러들이는 명령어를 입력한다.

```
__all__ = ['echo', 'wav']        # 모듈명 입력
  import echo                    # 모듈 호출
  import wav
```

끝으로 실행을 위한 __main__.py를 만든다. __main__.py는 윈도우즈의 실행 파일과 마찬가지로 패키지 실행을 담당하는 파일이다. 위 예제의 __main__.py 내용은 다음과 같다.

```
from sound.echo import echo_test
from graphic.render import render_test

if __name__ = '__main__':
  echo_test()
  render_test()
```

이제 패키지를 실행하면 된다. 패키지를 실행하는 장소는 패키지가 있는 상위 폴더, 즉 game 폴더의 상위 폴더이다.

5. 예외 처리

만약 파이썬으로 프로그래밍을 할 때, 오류가 발생하면 어떻게 할까? 'Traceback (most recent call last):'란 문장으로 시작하는 문장은 프로그램을 실시하는 과정에서 발생하는 오류를 의미한다(Rossum and et al. 2017, p. 47). 이와 같이 프로그램에서 예외가 발생할 경우, 파이썬은 오류 문장을 출력하고 프로그램을 종료한다.

이러한 오류는 예상 가능한 오류(예를 들어, 0으로 나누는 경우)와 예상 불가능한 오류로 구분할 수 있다. 좋은 프로그램일수록 이러한 오류 발생에 사전적으로 대처하는 예외 처리(exception) 구문을 잘 구성해 놓았다.[15]

〈그림 2.10〉에 제시된 바와 같이 예외 처리 구문은 try 명령어와 except 명령어로 구성된다. try 구문에는 실제로 작업할 〈수행문〉이 입력된다. except 구문에는 try 구문에서 발생할 수 있는 오류들의 대처가 담긴다.

```
try:
  <수행문>

except <예외사항 명령어>:
  <수행문>
```

〈그림 2.10〉 예외 처리

예를 들어, 예상 가능한 오류 중 하나로 0으로 정수를 나누는 경우를 들 수 있다. 이러한 오류에 대처하기 위하여 except 구문에 〈예외사항 명령어〉인 ZeroDivisionError를 삽입하고, 이에 따라 취할 명령어 print('Not divided by 0')를 〈수행문〉에 삽입할 수 있다. 이와 같은 예외 처리를 해 놓으면, 정수를 0으로 나누는 상황이 발생할 경우, 오류가 발생하여 프로그램이 종료되는 것이 아닌 'Not divided by 0'란 문장이 출력된다.[16]

---

15 이와 같이 노력에도 불구하고 오류가 해결되지 않을 때, 즉 디버깅(debugging)에 실패했을 경우에는 구글 또는 Stack Overflow의 도움을 받아야 할 것이다.

16 placeholder를 설정하는 방식에는 format을 이용하는 방식, %를 이용하는 방식 등이 있다.

```
for i in range(4):
  try:
    result = 4/i
    print('4/{0} = {1}'.format(i, result))
  except ZeroDivisionError:
    print('Not divided by 0')

Not divided by 0
4/1 = 4.0
4/2 = 2.0
4/3 = 1.3333333333333333
```

파이썬에는 일련의 〈예외사항 명령어〉가 내장되어 있다. 예를 들어, 위 예제의 〈예외사항 명령어〉인 ZeroDivisionError는 내장된 예외사항 명령어로서, 해당 예외사항이 발생할 경우, 'division by zero'라는 문장을 출력하도록 한다. 이와 같이 파이썬은 예상할 수 있는 오류에 대해 일련의 명령어를 만들어 놓았다. 이를 간략히 제시하면, [표 2.5]와 같다(최성철 2017; Rossum et al. 2017).

[표 2.5] 내장된 예외사항 명령어

예외사항 명령어	내용
IndexError	List의 index 범위를 넘어갈 때
NameError	존재하지 않는 변수의 이름을 호출할 때
ZeroDivisionError	0으로 숫자를 나눌 때
ValueError	숫자로 바꿀 수 없는 문자를 숫자로 바꿀 때
FileNotFoundError	존재하지 않는 파일을 호출할 때

---

format은 0, 1, 2 등의 정수를 이용하여 placeholder의 순서를 지정한 후 .format( )에 값을 지정하는 방식이다. 예를 들어, print('4/{0} = {1}'.format(i, result))의 경우 첫 번째 placeholder(0)에 i를, 두 번째 placeholder(1)에 result를 놓는다. 두 번째 방법은 %를 이용하는 방식이다. 0, 1, 2 등의 숫자 대신 %(숫자의 경우 %d, 문자열의 경우 %s)를 입력한 후, 바로 뒤의 %( ) 안에 값을 지정하는 방식이다. 예를 들어, print('4/%d = %d' %(i, result))로 작성할 수 있다. PEP8 권고에 따라 본 서는 주로 전자의 방식을 사용한다.

예외 처리의 기본 구문은 확장될 수 있다. 예를 들어, else 명령어를 사용하여 예외가 발생하지 않을 때 취할 행동을 구체적으로 지정할 수 있다. 또한 finally 명령어를 사용하여 예외 발생 여부와 관계 없이 취해야 할 행동을 지정할 수도 있다.

```
for i in range(4):
  try:
    result = 4/i
  except ZeroDivisionError:
    print('Not divided by 0')
  else:
     print('4/{0} = {1}'.format(i, result))
  finally:
    print(str(i)+'로 나누었습니다')

Not divided by 0
0로 나누었습니다.
4/1 = 4.0
1로 나누었습니다.
4/2 = 2.0
2로 나누었습니다.
4/3 = 1.3333333333333333
3로 나누었습니다.
```

위 예제의 경우, ZeroDivisionError 예외가 발생했을 때 'Not divided by 0'를 출력하라고 지정했으며, 이런 예외가 발생하지 않은 경우(else)에는 범위에 해당하는 숫자로 나눈 결과물을 출력하도록 명령했다. 또한 예외 발생 유무에 관계 없이 나누는 숫자를 보여 주도록 명령했다.

한 걸음 더 들어가기

변수가 선언되는 방식에 따라 변수의 적용범위(scope)가 달라진다. 예를 들어, 지역 변수(local variable)는 함수 내부에서 선언된 변수로서 함수 내(local scope)에서만 유효한 변수이다. 둘째, 전역 변수(global variable)는 스크립트 최상단에 선언된 변수로서 스크립트 전반(global scope)에 걸쳐 유효한 변수이다. 끝으로 파이썬 내장 모듈의 이름(예를 들어, open, range, Syntax error 등)은 가장 큰 범위를 가진다.

```
# 전역 변수
a = 0

if a == 0:
  # a는 아직도 전역 변수
  b = 1
  # b는 전역 변수

def my_function(c):
  # c와 d는 지역 변수
  d = 3
  print(c)
  print(d)

my_function(7)
print(a)
print(b)

# c와 d는 함수를 벗어나면 존재하지 않음
print(c)
print(d)
```

출처: Object-Oriented Programming in Python(http://python-textbok.readthedocs.io/en/1.0/Variables_and_Scope.html, 방문일: 2017년 12월 13일)을 일부 수정

위 예제의 경우, a와 b는 전역 변수로서 스크립트 전반에 걸쳐 유효한 변수이다. 따라서 a와 b를 출력할 경우 이에 해당하는 값, 0과 1이 출력된다. 그렇지만 c와 d는 함수 내에서 선언된 지역 변수로서 함수(my_function)를 통해 출력할 경우에만 7과 3이 출력되며, 함수 밖에서 출력할 경우 오류가 발생한다.

Python for Political Science

제 3 장

웹 스크래핑을 통한 데이터 수집

제3장 웹 스크래핑을 통한 데이터 수집

인터넷에는 주체할 수 없을 정도로 많은 정보가 흐르고 있다. 정치 영역에서도 예외는 아니어서, 매일매일 새로운 정보가 인터넷에 만들어져 쌓이고 있다. 인터넷에서 데이터를 가져오는 방법은 크게 웹 페이지에 '게시'된 데이터를 가져오는 방법과 웹 페이지가 '제공'하는 데이터를 가져오는 방법으로 나뉜다. 전자를 웹 스크랩핑(Web scraping) 데이터 추출 기법이라 하고, 후자를 API 데이터 추출 기법이라 한다. 일반적으로 API 데이터 추출 기법이 데이터 추출 및 정제의 편의성으로 인해 선호되지만, 만약 웹 페이지가 API를 제공하지 않을 경우 웹 스크랩핑 데이터 추출 기법이 사용될 수밖에 없다. 물론 웹 페이지 제공 기관의 허용이 있어야 한다. 제3장에서는 웹 스크랩핑을 통한 데이터 추출 기법을 소개하고, 제4장에서는 API를 통한 데이터 추출 기법을 소개한다.

제1절 웹 페이지 데이터 가져오기

1. 웹의 작동원리

우리는 인터넷을 통해 많은 정보를 습득하고 있다. 컴퓨터나 휴대

폰에서 크롬과 같은 웹 브라우저(Web Browser) 주소 박스에 인터넷 주소(URL)나 키워드를 입력하면, 수많은 검색 결과들이 화면에 나타난다. 〈그림 3.1〉은 이와 같은 검색 결과가 출력되는 과정을 도식화한 것이다.

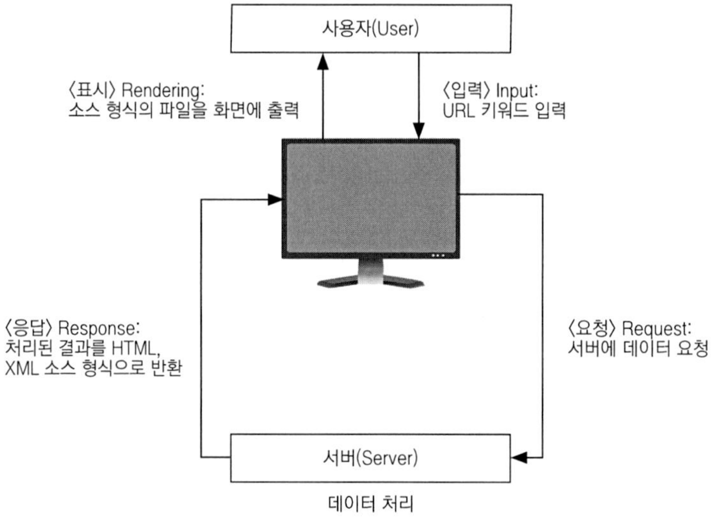

〈그림 3.1〉 웹 작동원리

〈그림 3.1〉에 제시된 것처럼, 사용자가 주소 박스에 자신이 가고자 하는 URL 또는 키워드를 〈입력〉하면, 사용자의 컴퓨터가 이를 접수하여 서버에 데이터를 〈요청〉한다. 요청받은 서버는 관련 데이터를 처리하여 그 결과물을 HTML, XML 등의 소스 형식으로 사용자의 컴퓨터에 〈응답〉한다. 소스 형식으로 된 파일을 받은 사용자의 컴퓨터는 화면에 결과물을 〈표시〉하게 되고, 사용자는 〈입력〉의 결과를 보게 된다. 우리의 일상적인 인터넷 검색은 이와 같은 방식을 통하여 우리에

게 보여진다.

연구자에게 중요한 것은 어떻게 데이터를 가져오고(즉 〈요청〉), 반환된 소스 형식 파일(즉 〈응답〉)의 어떤 부분을 추출할 것인지이다. 즉 웹 페이지 문서를 효율적으로 가져오는 방법, 그리고 웹 페이지에서 필요한 데이터를 파악하는 방법이 중요한 문제로 대두된다. 다행히도 파이썬에는 다양한 데이터 요청 패키지가 존재하며, 가져온 문서를 파악하는 문서 분석(parsing) 패키지도 존재한다.

2. 데이터 요청 패키지

연구자는 다양한 패키지를 통해 웹 페이지의 데이터를 요청할 수 있다. 예를 들어, wget, curl, mechanize, urllib, urllib2, requests, selenium 등 다양한 패키지를 활용하여 연구자의 컴퓨터에서 서버로 데이터를 요청할 수 있다. 본 서는 이 중에서 간편하게 사용할 수 있는 reqeusts와 자주 사용되는 selenium을 소개하고자 한다. 특히 selenium의 경우, 요청한 웹 페이지 자체에는 데이터가 존재하지 않지만, 그 웹 페이지에 탑재된 JavaScript를 통해 데이터를 요청할 수 있는 환경에서 유용하게 사용될 수 있다.

1) requests 패키지

requests 패키지는 외장 패키지로서 파이썬에 설치해야 한다. 제2장에서 언급한 바와 같이, 외장 패키지를 설치하는 방법은 윈도우의 경우 커맨드 창에서, 맥OS의 경우 터미널에서 [pip3 install requests]를 입력하면 된다. 또는 PyCharm을 사용하는 연구자라면, 환경설정 → Preferences → Project Interpreter → 사용하는 파이썬 버전 설정 → 하단 +기호 선택 → requests 선택 → install Package 방식으로 설치하면 된다. requests 명령어 기본 구문은 다음과 같다.[17]

```
r = requests.get('url', auth=('user','pass'))
r.status_code
r.text
```

위 예제에 제시된 것처럼 requests 패키지의 get 함수를 사용하여, HTML 데이터를 요청할 수 있다. 만약 로그인이 요구될 때는 user에 사용자 계정, pass에 비밀번호를 입력하여 로그인할 수 있다. 다음 줄에 있는 status_code 함수는 데이터 요청의 결과를 표시하는 함수이다. 예를 들어, status_code 함수를 호출했을 때 101번 숫자가 반환되면 데이터 처리 중이라는 의미이며, 200이 나오면 서버가 성공적으로 데이터 요청을 처리했다는 의미이다.[18] 끝으로 text 함수는 반환된 웹 페이지의 문자열을 표시하는 함수이다.

예제로서 경북대학교 사회과학기초자료연구소의 웹 페이지를 가져와 보자. 연구소의 웹 페이지는 http://www.basicdata.kr/이며, 로그인 정보는 요구되지 않는다.

---

17 requests 관련 사항은 http://docs.python-requests.org/en/master/를 참조(방문일: 2017년 3월 2일).

18 301이 나오면 웹 페이지가 새로운 위치로 이동했음을 의미한다. 403이 나오면 서버가 권한 부족을 이유로 요청을 거부했다는 의미이고, 404가 나오면 해당 웹 페이지를 찾을 수 없다는 의미이다. 500이 나오면 서버에서 오류가 발생했다는 의미이고, 503이 나오면 서버가 오버 로드되었거나 서버 유지 관리를 위해 다운됐음을 의미한다.

```
import requests

url = 'http://www.basicdata.kr/'
r = requests.get(url)          # 웹 페이지를 가져와, r 객체를 생성함
r.status_code                  # 데이터 요청 결과 반환
200
print(r.text)                  # 반환된 웹 페이지의 소스 파일 표시
```

위 예제는 경북대 사회과학기초자료연구소의 홈페이지 데이터를 요청하는 명령문이다. 웹 페이지 주소인 'http://www.basicdata.kr/'을 url 객체에 담고, get 함수를 이용하여 웹 페이지를 가져와 r 객체에 넣었다. status_code 결과가 200이 나왔기 때문에 데이터 요청이 성공적으로 완료되었음을 알 수 있다. 끝으로 print(r.text)를 통해 반환된 페이지의 내용을 출력해 보았다. 지면 제약상 print(r.text)의 결과물은 표시하지 않았다.

2) selenium 패키지

만약 웹 페이지가 JavaScript를 사용하여 로그인을 처리할 경우, requests 패키지를 통한 접근에는 한계가 있다. 이런 환경에서 사용될 수 있는 패키지로 selenium이 있다. selenium에 있는 webdriver 함수를 통해 웹 브라우저가 실제로 활성화되어 웹 브라우저의 내용을 가져오기 때문이다.

selenium 설치 방식은 다른 패키지와 같다. 윈도우의 경우 커맨드 창에서, 맥OS의 경우 터미널에서 [pip3 install selenium]을 입력하면 selenium이 설치된다. PyCharm에서도 requests와 같은 방식으로 설치하면 된다. 단, selenium은 웹 브라우저를 실제로 실행하여 작

업하기 때문에 작업할 웹 브라우저의 실행 파일이 작업하는 폴더 내에 있어야 한다. 사용할 웹 브라우저는 웹 브라우저 다운로드 사이트 또는 selenium 패키지 다운로드 사이트에서 다운로드할 수 있다.[19] 다운로드된 실행 파일(예를 들어, Chrome의 경우 'chromedriver')은 selenium 패키지가 작업할 폴더에 같이 놓아 준다.

selenium 명령어의 기본 구문은 다음과 같다.

```
from selenium import webdriver                        # webdriver 호출

driver = webdriver.Chrome(path/to/chromedriver) # 크롬 실행 파일이 있는
                                                  장소 지정
driver.get('url')                                 # 웹 페이지 URL 접근
driver.quit()                                     # 웹 브라우저 종료
```

언제나처럼 스크립트의 첫 번째 줄은 사용할 패키지를 가져오는 명령문이다. 위 예제의 경우 웹 브라우저 구동을 위한 webdriver를 호출했다. 이후 웹 브라우저(예를 들어, Chrome 브라우저)의 실행 파일이 놓인 폴더와 실행 파일을 제어할 수 있는 driver 객체를 생성했다. 이제 driver 객체는 webdriver의 속성을 이어받아 Chrome 브라우저를 직접 실행할 수 있다. 이제 연구자는 get 함수를 사용하여 원하는 웹 페이지에 접근하도록 할 수 있다.

selenium 패키지에서 자주 사용되는 함수는 [표 3.1]과 같다.

---

19 보다 자세한 내용은 selenium 공식 웹 페이지(http://www.seleniumhq.org/) 또는 파이썬 selenium 페이지(https://pypi.python.org/pypi/selenium-requests/, 방문일: 2017년 3월 2일)를 참조.

[표 3.1] selenium 패키지 함수

함수	기능
find_element_by_id('value')	id 속성에 해당하는 값('value')을 찾음
find_element_by_name('value')	name 속성에 해당하는 값('value')을 찾음
find_element_by_xpath('/html/body/some/xpath')	상대 주소 또는 절대 주소를 통해 원하는 요소를 찾음
find_element_by_tag_name('tag')	태그 속성에 해당하는 값('tag')을 찾음
find_element_by_class_name('value')	class 속성에 해당하는 값('valuc')을 찾음
find_element_by_css_selector('css.selector')	CSS selector의 값으로 원하는 요소를 찾음

주: 찾는 요소가 한 개일 경우 element를, 여러 개일 경우 elements를 사용.
출처: Selenium Package Binding(http://selenium-python.readthedocs.io/), 방문일: 2017년 3월 4일.

[표 3.1]에 제시된 바와 같이, selenium은 다양한 함수를 통해 반환된 웹 페이지 문서의 요소를 찾을 수 있다. 예를 들어, find_element_by_id('value')는 웹 페이지의 속성이 id이고 그 값이 'value'인 경우를 찾는다. find_element_by_name('value')도 유사하게 웹 페이지의 속성이 name이고 그 값이 'value'인 경우를 찾는다.

```
<html>
 <body>
  <form id='loginForm'>
   <input name='username' type='text' />
   <input name='password' type='password' />
   <input name='continue' type='submit' value='Login' />
   <input name='continue' type='button' value='Clear' />
  </form>
 </body>
<html>
```

출처: Selenium Package Binding(http://selenium-python.readthedocs.io/), 방문일: 2017년 3월 5일.

가령 위 예제와 같은 웹 페이지가 있고, 연구자가 찾고 싶은 웹 페이지의 속성이 id이며, 그 값이 'loginForm'이라면, driver.find_element_by_id('loginForm')이란 명령어를 이용하여 손쉽게 요소와 그 요소가 위치한 곳을 찾을 수 있다. 같은 맥락에서 찾고자 하는 웹 페이지의 속성과 값이 name과 'username'이라면, driver.find_element_by_name('username')을 통해 해당 요소의 위치를 손쉽게 찾을 수 있다.

이렇게 찾은 요소와 그 위치를 사용하여 정보, 예를 들어 로그인 아이디와 패스워드를 보낼 수 있다. 방식은 아래 예제와 같다.

```
driver.find_element_by_name('username').send_keys('사용자 아이디')
driver.find_element_by_name('password').send_keys('패스워드')
```

그렇지만 이 방식은 웹 페이지에 username과 password가 한 개 이상 존재할 경우 문제가 발생한다. 또한 웹 페이지가 username의 속성을 name이 아닌 다른 속성으로 표시할 경우, 또는 속성을 수시로 변경할 경우, find_element_by_name( )는 적절한 방법이 될 수 없다.

이러한 경우에 효율적으로 대처할 수 있는 방법이 Xpath를 이용하는 방법이다. Xpath는 XML(또는 HTML) 문서에서 요소의 위치를 파악하는 데 쓰이는 언어로서 절대 주소와 상대 주소를 통해 요소의 위치를 파악하는 방식이다.[20] 절대 주소란 요소의 모든 경로를 표시하는 방법이다. 예를 들어, name='username'을 찾는 경우, 그 요소가 있는 모든 경로(예를 들어, /html/body/form/input[@name='username'])를 표시하는 방법이다.[21] 상대 주소란 현재 경로를 기준으로 해당

20 Xpath에 대한 자세한 설명은 MDN web docs를 참조(https://developer.mozilla.org/en-US/docs/Web/XPath, 방문일: 2017년 12월 13일).

21 tag/@attribute은 tag에 해당하는 속성과 그 값을 가져온다. 예를 들어, /html/body/form/input/@name을 입력하면, name과 그 값인 username을 가져온다. 그런데 예제처럼 name 속성

요소가 위치한 곳을 표시해 주는 방식이다.[22] 예를 들어, 연구자가 name='username'을 찾는 경우, 최상위 폴더로 이동한 후(//), form의 하단인 input에서(form[input]) name='username'을 찾는 방법, 즉 //form[input/@name='username']을 사용할 수 있다. 이렇게 찾아진 요소의 위치에 정보를 전달하는 방식은 아래 예제와 같다.

```
driver.find_element_by_xpath('/html/body/form/input[@name
='username']').send_keys('아이디')
driver.find_element_by_xpath('//form[input/@name='username']').
send_keys('패스워드')
```

이제, selenium 패키지를 통해 네이버 페이지 데이터를 추출하는 과정을 살펴보자.

```
from selenium import webdriver
from bs4 import BeautifulSoup

# 웹 브라우저 실행 파일이 있는 장소 지정
driver = webdriver.Chrome('/Users/.../chromedriver')
# 네이버 로그인 페이지 요청
driver.get('https://nid.naver.com/nidlogin.login')
```

언제나처럼 스크립트의 첫 번째 명령어는 사용할 패키지를 호출하는 명령어이다. 위 예제의 경우, webdriver와 HTML 페이지 분석을 위

에 해당하는 값이 username, password, continue 등 다양할 수 있다. 따라서 tag의 특정 속성으로 조건을 한정할 필요가 있는데, 이럴 경우 tag[@attribute='value']를 사용할 수 있다. 예를 들어, /html/body/form/input[@name='username']은 input 태그 중 name='username'으로 조건을 한정한다는 의미이다.

22 상대 주소는 현재 위치(./), 현재 위치의 한 단계 상단 위치(../), 현재 위치의 두 단계 상단 위치(../../), 그리고 최상위 위치(//)로 해당 위치를 표시할 수 있다.

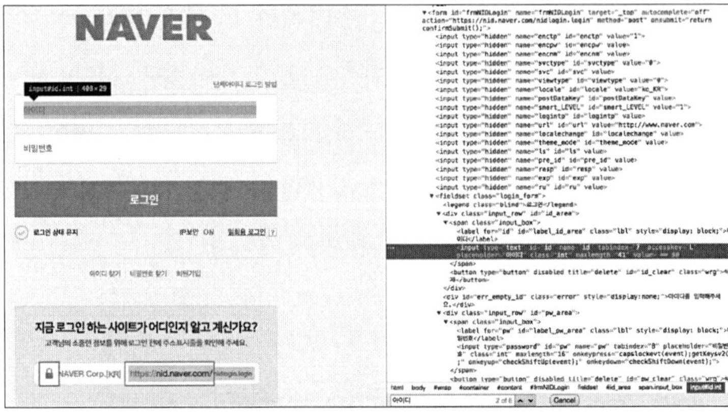

〈그림 3.2〉 네이버 로그인 페이지(위) 및 소스 화면 확대(아래)

한 패키지(BeautifulSoup)를 호출했다.[23] 이후 실행 파일이 놓인 곳을 지정하고, webdriver로 하여금 Chrome을 실행하도록 했다. 이어서 Chrome으로 하여금 네이버 로그인 페이지에 접근하도록 요청했다.

로그인 페이지가 열리면, 사용자 아이디와 패스워드를 입력하기 위한 장소를 찾아야 한다. 이 장소에 아이디와 패스워드를 입력해야 네이버 페이지에 로그인할 수 있기 때문이다. 〈그림 3.2〉는 아이디와 패스워드가 위치한 장소를 찾는 방법을 보여 주고 있다.

Chrome 창에서 오른쪽 마우스를 클릭하면 다양한 기능을 볼 수 있다. 이 기능 중 '검사' 항목을 클릭하면, 페이지를 구성하는 소스가 〈그림 3.2〉 아래 패널과 같이 표시된다. 〈그림 3.2〉 아래 패널에 있는 <input type="text" ... value>를 가리키면, 이에 해당하는 부분이 위 패널에 블록으로 표시되는 것을 알 수 있다.

이 같은 방식으로 '아이디'와 '비밀번호'에 해당하는 HTML 요소를 찾을 수 있다. 예를 들어, 〈그림 3.2〉 아래 패널에 블록으로 표시된 input 태그를 살펴보면, 사용자 아이디를 name='id'로 표시하고 있음을 알 수 있다. 또한 하단의 문단태그(<div>)를 보면, 비밀번호를 name='pw'로 표시하고 있음을 알 수 있다. 따라서 selenium의 send_keys를 이용해 아래 예제와 같이 사용자 아이디와 비밀번호를 보낼 수 있다.

```
driver.find_element_by_name('id').send_keys('user')
driver.find_element_by_name('pw').send_keys('pass')
```

사용자 아이디와 비밀번호를 입력하고 나면, 마지막 남은 단계

23 BeautifulSoup 패키지에 대한 설명은 제2절에 있다.

는 로그인 버튼을 클릭하는 것이다. 로그인 버튼은 Xpath 함수를 사용하여 작성했다. 먼저 최상위 위치로 이동한 후, 폴더의 조건을 [@id='frmNIDLogin']으로 한정하여, 로그인 클릭 버튼이 위치한 곳(/fieldset/input)으로 이동했다. 이후 click( )을 이용하여 버튼을 클릭했다.

```
# Xpath 함수를 이용해 로그인 버튼 클릭
driver.find_element_by_xpath('//*[@id='frmNIDLogin']/fieldset/input').
click()
```

selenium은 웹 페이지 분석에 최적화된 BeautifulSoup 패키지와 함께 사용할 수 있기 때문에 더욱 활용도가 크다. 물론 selenium에 내장된 함수들을 이용해 웹 페이지 문서에 접근할 수 있지만, 제2절에 소개된 것처럼 웹 페이지 분석 및 추출에 최적화된 패키지인 BeautifulSoup을 이용하는 것이 더욱 효율적이다.

제2절 웹 페이지 분석 및 데이터 추출

데이터 요청을 통해 웹 페이지를 가져오는 것에는 성공했지만, 막상 가져온 페이지를 보면 눈앞이 막막해진다. 왜냐하면 너무나 많은 내용이 알아보기 힘든 형태로 나열되어 있기 때문이다. 본 절에서는 이러한 문제를 해결하기 위한 기법, 즉 웹 페이지 분석기법과 데이터 추출 방법을 소개하고자 한다. 물론 이러한 기법을 이해하기 위해서는 웹 페이지가 작성된 형태, 예를 들어 HTML, XML, JSON에 대한 이해가 필수적이다.

1. 웹 페이지의 기본 구조

1) HTML 문서

대다수의 웹 페이지는 HTML(Hyper Text Markup Language)로 작성된다. HTML이란 문서와 문서가 서로 연결(Hyper Text)되면서, 사용자가 이해할 수 있는 방식으로 화면에 표시해 주는 언어이다. 즉 HTML로 작성된 웹 페이지는 웹 페이지의 다양한 정보를 연결하면서도, 사용자가 이해할 수 있도록 형태로 화면에 표시해 줄 수 있다.

HTML 문서의 기본 형태는 전체를 아우르는 〈html〉…〈/html〉, 페이지를 정의하는 〈head〉…〈/head〉, 그리고 본문 내용을 담고 있는 〈body〉…〈/body〉 등이다. HTML 문서의 구조는 마치 윈도우 탐색기의 폴더 구조와 같이, 요소 안에 다른 요소가 겹쳐 있는 트리 형태의 구조이다. 예를 들어 〈그림 3.3〉과 같이 〈html〉 밑에는 〈head〉와 〈body〉가 있으며, 〈head〉 밑에는 〈title〉이 있고, 〈body〉 밑에는 〈h1〉과 〈p〉 등이 있다.

```
<!DOCTYPE html>
<html>
 <head>
  <meta charset="utf-8">
  <title>제목</title>
 </head>

 <body>
  <h1>제목</h1>
  <p>단락</p>
 </body>
</html>
```

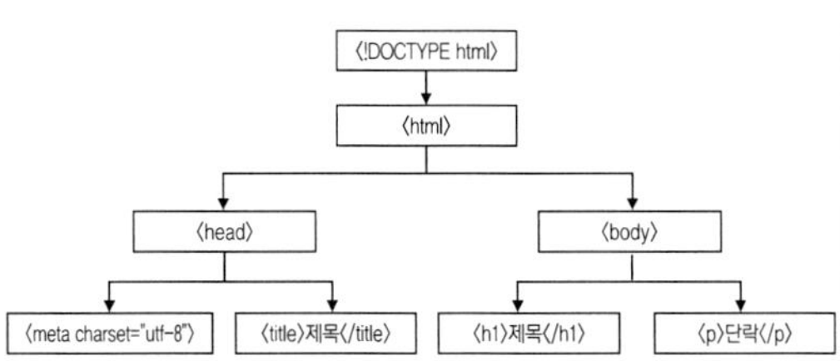

〈그림 3.3〉 HTML 기본 구조

HTML 문서는 마크 언어(markup language)로서 부가적인 요소를 표시할 수 있다. 부가 요소(markup element)를 통해 전체 문서의 제목을 지정할 수 있고, 현재 문서와 페이지 안에 있는 다른 문서를 연결할 수도 있으며, 페이지 바깥에 있는 다른 HTML 문서와도 연결할 수 있다. 이와 같은 부가 요소는 〈tag attribute="value"〉(또는 〈태그 속성="값"〉)로 정의되며, 이 전체를 통칭하여 요소(element)라고 불린다.

태그 사용에는 몇 가지 규칙이 있다. 첫째, 일반적으로 태그는 여는 태그와 닫는 태그가 함께 사용된다. 예를 들어 〈html〉 태그의 경우, 여는 태그 〈html〉과 닫는 태그 〈/html〉이 같이 쓰인다. 둘째, 모든 태그는 괄호(〈 〉) 안에 놓인다. 예를 들어 〈html〉 태그의 경우, 태그 앞뒤에 괄호(〈 〉)가 있다. HTML 문서의 기본 태그들은 [표 3.2]에 제시되어 있다.

[표 3.2] HTML 기본 태그

태그 이름	내용
〈html〉 〈/html〉	최상위 요소로서 해당 문서가 HTML 문서임을 선언
〈head〉 문서 정보 〈/head〉	문서 정보를 담는 요소로서 화면에 보이지 않음
〈title〉 제목 〈/title〉	전체 문서의 제목을 담는 요소로서 페이지를 북마크할 때의 제목임
〈body〉 문서 내용 〈/body〉	문서 내용을 담는 요소로서 페이지의 내용이 담기는 곳
〈p〉 단락 〈/p〉	문단을 표시하는 요소
〈h1〉 제목 〈/h1〉	문서 내부의 제목을 담는 요소로서 소제목의 경우, 〈h2〉, 〈h3〉 등을 사용함
〈a href〉 하이퍼링크 〈/a〉	문서 사이의 하이퍼링크를 지정하는 요소
〈div〉 영역 〈/div〉	블록을 지정하는 요소
〈table〉 표 〈/table〉	표를 지정하는 요소
〈span〉 단어/문구 〈/span〉	문단 내 단어, 문구, 문장의 스타일을 지정하는 요소

물론 시작 태그만 존재할 뿐 닫는 태그가 없는 태그도 있다. 예를 들어, 〈!DOCTYPE〉 태그는 문서의 작성 형식을 정의하는 태그로서 〈!DOCTYPE html〉은 해당 문서가 HTML5로 작성된 것임을 말해 준다. 〈meta〉 태그는 문서의 정보, 예를 들어 문자 인코딩 방식, 키워드, 저자 정보 등을 담는 태그이다. 따라서 〈!DOCTYPE〉와 같이, 〈meta〉 태그도 시작하는 태그만 있을 뿐 닫는 태그가 없다.

본 서의 목적인 데이터 추출의 관점에서 볼 때, 주목할 속성은 id, class, charset 속성 등이다. 〈div〉 태그와 주로 쓰이는 id 속성과 class 속성은 텍스트를 꾸미기 위한 속성이라는 점에서는 유사하다. 그러나 id는 고유 값을 가지며 일반적으로 문서에서 한 번만 사용되는 반면, class는 여러 번 사용된다는 점에서 차이가 있다. 따라서 추출하고자 하는 데이터가 특정 id 또는 class와 연관되어 있다면, 이러한 차이점을 통해 원하는 데이터를 추출할 수 있다.

또 하나 유념할 속성은 charset이다. 이 속성은 컴퓨터가 HTML 문서의 문자를 인식하는 방식, 즉 인코딩(encoding)에 관한 것이다. 만약 HTML 문서의 인코딩이 적절하지 않다면, HTML 소스 파일은 글자가 깨진 상태로 화면에 표시된다. 일반적으로 한글의 인코딩 방식은 utf-8이다. 따라서 한글이 포함된 HTML 문서의 경우, 〈head〉 요소에 〈meta charset="utf-8"〉이 삽입되며, 이를 통해 컴퓨터가 HTML 소스 파일을 인식하여 한글 문서를 제대로 화면에 표시한다.[24]

웹 페이지에서 HTML 태그와 내용을 검색하는 방법은 간단한다. 예를 들어, 경북대학교 사회과학기초자료연구소 웹 페이지(http://www.

---

24 charset 값에 대해서는 https://www.w3schools.com/html/html_charset.asp를 참조(방문일: 2017년 3월 1일).

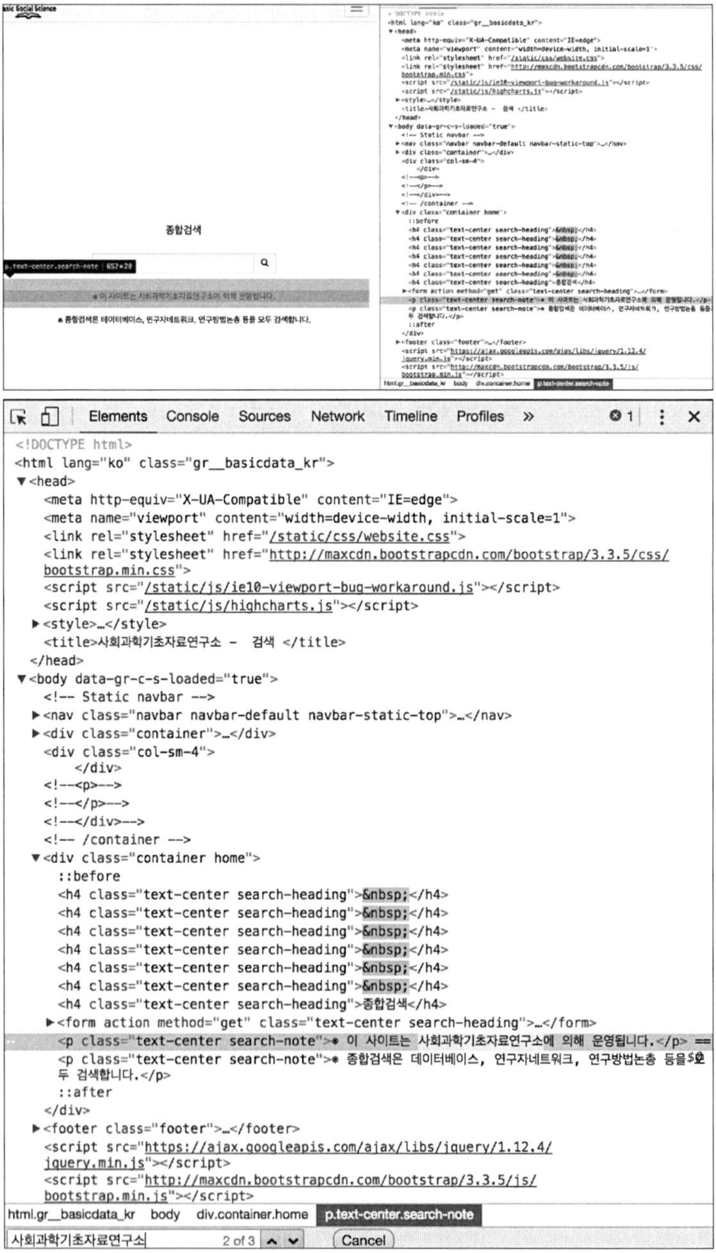

〈그림 3.4〉 크롬의 검사 기능(위) 및 소스 화면 확대(아래)

basicdata.kr/)를 방문해 보자. 연구소 웹 페이지에서 오른쪽 마우스를 클릭하여 페이지 소스 보기(view page source) 또는 검사(inspect element)를 클릭하면, 해당 웹 페이지의 HTML 소스를 볼 수 있다.

일반적으로 페이지 소스 보기보다는 검사가 원하는 요소의 위치를 파악하는 데 유리하다. 예를 들어, '사회과학기초자료연구소'란 단어가 위치한 부분을 소스 파일에서 찾는다고 하자. 〈그림 3.4〉의 위 패널에서 '사회과학기초자료연구소' 단어를 클릭하고, 오른쪽 마우스를 클릭하여 검사를 클릭하면, 아래 패널에 해당 단어가 위치한 곳이 블록으로 표시되어 나타난다. 반대의 경우도 마찬가지여서, 아래 패널의 원하는 단어를 클릭하면 위 패널에 해당 부분이 블록으로 표시된다. 따라서 아래 패널에서 검색 키(crtl-f)를 활용하여 원하는 단어(예를 들어, 사회과학기초자료연구소)를 찾은 후, 해당 단어가 요구하는 단어인지 여부를 위 패널을 통해 확인할 수 있다.

2) XML 문서

XML(eXtensivle Markup Language)이란 컴퓨터가 다양한 종류의 데이터를 주고받기 위해 만들어진 언어이다.[25] XML 문서는 〈그림 3.5〉에서 보는 것과 같이 일정한 데이터 구조를 지니고 있으며, 이 구조는 태그로 설명된다.

XML의 구조는 크게 문서의 작성 정보를 선언하는 부분과 데이터 설계도를 나타내는 부분(schema)으로 나누어진다.

---

25 XML에 대한 자세한 정보는 W3C(https://www.w3.org, 방문일: 2017년 3월 2일)를 참조.

```
<?xml version="1.0" encoding="UTF-8" ?>
<note>
  <to>Tove</to>
  <from>Jani</from>
  <heading>Reminder</heading>
  <body>Don't forget me.</body>
</note>
```

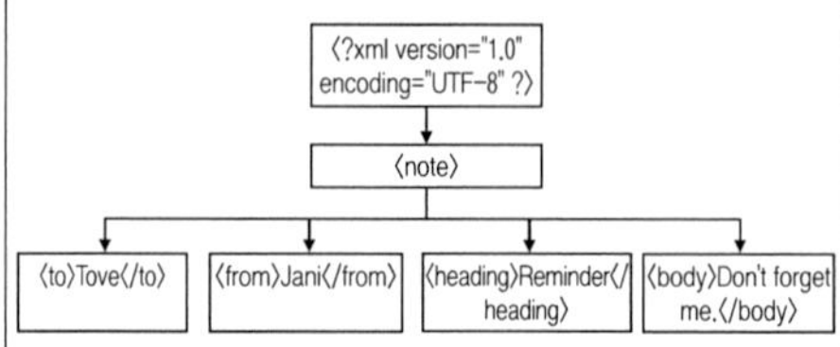

출처: W3Schools.com(https://www.w3schools.com, 방문일: 2017년 3월 3일)의 예를 일부 수정함.

〈그림 3.5〉 XML 기본 구조

문서의 첫 줄에는 문서 작성 방식과 인코딩에 대한 정보인 〈?xml version="1.0" encoding="UTF-8" ?〉 태그가 놓인다. 이후의 태그들은 태그 이름에서 나타나듯이, Jani가 Tove에게 Reminder라는 제목으로 'Don't forget me.'라는 메모를 남기고 있다.

이처럼 XML 문서는 HTML 문서와 유사한 구조를 지니고 있다. 예를 들어, HTML 문서와 같이 XML도 트리 구조를 지니고 있으며, 태그와 태그 사이에 데이터가 놓인다. 또한 HTML 문서와 같이, XML의 소스 파일도 웹 브라우저의 페이지 소스 보기 또는 검사 기능을 통해 소스 파일을 살펴볼 수 있다.

그러나 HTML 문서와 달리 XML 문서는 데이터 교환에 목적을 두고 있기 때문에 태그가 구조를 정의하기 위한 목적으로 사용된다. 따라서 개발자가 태그를 직접 정의하여 사용할 수 있다. 또한 XML 문서는 운영체제 간의 데이터 교환도 가능하기 때문에, 특정 운영체제나 웹 브라우저에 구속되지도 않는다. 또한 HTML 문서는 태그 등의 요소가 화면에 표시되지 않지만, XML 문서는 데이터 교환이 목적이기 때문에 태그 등의 요소도 화면에 같이 표시될 수 있다.

3) JSON 문서

JSON(JavaScript Object Notation)은 자바스크립트 언어로 표현된 문서를 의미하며, 컴퓨터 간 데이터 교환을 목적으로 만들어졌다.[26] JSON은 XML과 유사한 목적으로 만들어졌으며, XML보다 간편하고 손쉽게 데이터를 해석할 수 있는 장점이 있다. 특히 JSON은 파이썬의 사전형 자료와 유사한 구조를 가지고 있어, 파이썬 데이터로 가져오는 데 용이하다. 나아가 최근 정부 기관에서 제공하는 API가 데이터를 반환하는 형식으로 JSON을 추구함에 따라 그 유용성이 커지고 있다.

〈그림 3.6〉에 제시된 바와 같이, JSON 데이터의 기본 구조는 {key: value}이며, 이러한 쌍이 차례대로 쌓여 있는 리스트 형태이다. 마치 파이썬의 사전형 자료인 {key: value}가 순서를 가진 형태로 리스트 안에 놓인 것과 유사한 구조이다.

```
{'variable name': [
  {'key1': 'value', 'key2': value},
  {'key1': 'value', 'key2': value}
]}
```

〈그림 3.6〉 JSON 기본 구조

〈그림 3.7〉은 name, age라는 key에 여러 명의 이름과 나이가 value로 표시되고 있다. 즉 최상단에는 데이터의 변수명이 놓이고, 이어서 {key: value} 쌍으로 표시된 데이터 값들이 리스트([ ]) 안에 묶여 있다.

---

26 JSON에 관한 보다 자세한 내용은 JSON 사이트(http://www.json.org/json-ko.html, 방문일: 2017년 3월 7일)를 참조.

{'users': [
  {'name': '홍길동', 'age': 25},
  {'name': '라이언', 'age': 39},
  {'name': '피치', 'age': 42}]}

〈그림 3.7〉 JSON 데이터 예시

2. 웹 페이지 분석 및 추출 기법

이제 여러분은 웹 페이지의 페이지 소스 보기와 검사를 통해, 요구하는 데이터를 찾을 수 있다. 만약 웹 페이지가 XML이나 JSON 형태로 되어 있다면, 그리 어렵지 않게 원하는 데이터를 가져올 수 있을 것이다.

그렇지만 여러분이 접근한 웹 페이지가 HTML로 작성된 문서라면, 여러분은 난관에 빠질 것이다. 예를 들어, 네이버 홈페이지의 경우 컴퓨터 화면에서 보기에는 한 페이지에 불과하지만, 소스 파일을 열어 보면 그 분량이 몇 페이지를 훌쩍 넘긴다는 것을 알기 때문이다. 더욱이 아직도 대부분의 웹 페이지가 HTML 형식으로 작성되고 있기 때문에, 여러분이 난관에 빠질 가능성은 높다고 할 수 있다.

파이썬은 다양한 방법을 통해 이러한 난관을 극복할 수 있게 해 준다. 이러한 방법은 크게 정규표현식을 통한 방법과 패키지를 통한 방법으로 나눌 수 있다. 먼저 정규표현식을 통한 데이터 분석 및 추출 방법을 알아보자.

1) 정규표현식을 이용한 방법

정규표현식(regular expression, 간단히 regexp 또는 regex)이란 특수한 문자열의 집합으로서, 입력한 내용과의 일치 여부를 통해 문자열을 찾는 방법이다(젠 고이바에르츠·스티븐 리바이선 2010).

정규표현식은 상수와 Meta 문자로 구성된다. 예를 들어, ^x.z$란 문자열이 있다면, x와 z는 상수이며, ^, ., $는 Meta 문자에 해당한다. Meta 문자와 상수의 결합인 ^x.z$는 x로 시작하고 z로 끝나는 3개 철자를 가진 모든 문자열을 의미한다. 정규표현식의 Meta 문자는 [표 3.3]에 제시되어 있다.[27]

[표 3.3] 기본 Meta 문자

정규표현식	표현	설명
^x	문자열의 시작	문자열이 x로 시작함
x$	문자열의 끝	문자열이 x로 끝남
x*	최소 0회 이상 반복	바로 앞 문자 x가 최소 0회 이상 반복하는 문자열. x*d의 경우, d, xd, xxd, ...의 문자열
x+	최소 1회 이상 반복	바로 앞 문자 x가 최소 1회 이상 반복하는 문자열. x*d의 경우, xd, xxd, ...의 문자열
x{n}	반복횟수 n을 지정	바로 앞 x 문자의 반복횟수 n을 지정함. x{3}b의 경우, xxxb 문자열
x{n, m}	반복횟수 범위 지정	바로 앞 x 문자의 최솟값 n, 최댓값 m을 지정함. x{1, 3}b의 경우, xb, xxb, xxxb 문자열
.x	임의의 한 문자	x로 끝나는 임의의 한 문자
\d	임의의 숫자	임의의 숫자
\D	숫자가 아닌 값	숫자가 아닌 문자
\s	공백	공백
\S	공백이 아닌 문자	공백이 아닌 문자

정규표현식의 Meta 문자 중 독특한 성질을 지닌 문자, 즉 문자 클래스가 있다. 문자 클래스는 [ ]로 표시하며, 대괄호([ ]) 사이에 오는 문자 중 하나의 문자를 가리키는 기능을 한다. 가령 a[vwx]c의 경우, vwx의

27 정규표현식을 모두 암기하는 것은 상당히 어렵다. 따라서 RegExr 사이트(http://regexr.com/)를 통해 연습할 것을 권고한다.

문자 중 하나가 들어가 있는 문자 avb, awb, axb 문자열을 의미한다.

문자 클래스의 이와 같은 독특한 성질로 인해 Meta 문자는 문자 클래스 내부에서 사용될 수 없거나 사용되더라도 의미가 달라진다. 문자 클래스 내부에서 사용되는 Meta 문자와 그 의미는 [표 3.4]와 같다.

[표 3.4] 문자 클래스 Meta 문자

정규표현식	표현	설명
[xz]	하나의 문자	x, z 중 하나의 문자
a[^xz]c	^ 이후 오는 문자를 제외한 문자열	axc, azc를 제외한 문자열
a[x-zX-Z]c	범위 지정	a[x-zX-Z]c의 경우, a와 c 사이에 x부터 z 또는 X부터 Z 중 하나의 문자와 일치하는 문자열
a[\d]c	임의의 숫자	a[\d]c의 경우, a와 c 사이에 놓인 0부터 9 중 임의의 숫자
a[\D]c	숫자가 아닌 값	a[\D]c의 경우, a와 c 사이에 놓인 숫자가 아닌 문자
a[\s]c	공백	a[\s]c의 경우, a와 c 사이에 놓인 공백
a[\S]c	공백이 아닌 문자	a[\S]c의 경우, a와 c 사이에 놓인 공백이 아닌 문자

주: 연산자로 사용되는 특수기호는 특수기호 앞에 \를 붙여 표현할 수 있음. 예를 들어, 범위의 연산자인 -를 표현하고 싶다면, \-로 표현할 수 있음.

2) BeautifulSoup 패키지를 이용한 방법

만약 웹 페이지가 API를 제공하거나 XML 형태 또는 JSON 형태로 작성된 페이지라면, 연구자는 데이터 수집의 부담을 상당 부분 내려놓을 수 있을 것이다. 그렇지만 현실적으로는 대다수의 웹 페이지가 API를 제공하지 않고 있으며, XML 또는 JSON 형태의 문서가 아닌 HTML 형태로 문서가 작성되어 있다. 따라서 HTML 문서를 분석하여 원하는 데이터를 추출할 과제는 여전히 연구자의 몫으로 남게 된다.

BeautifulSoup는 이러한 필요에 부응하여 만들어진 패키지로서 HTML, XML 형식의 웹 페이지 파싱(parsing)에 특화되어 있다.[28] BeautifulSoup 패키지는 데이터 요청 패키지인 selenium과 함께 사용할 수 있기에 더욱 유용하다.

BeautifulSoup 패키지를 설치하는 방법은 다른 패키지와 같다. 윈도우의 경우 커맨드 창에서, 맥OS의 경우 터미널에서 [pip3 install BeautifulSoup4]를 입력하여 설치한다. PyCharm에서도 다른 패키지와 같은 방법으로 설치하면 된다.

BeautifulSoup 명령어의 기본 구문은 다음과 같다.[29]

```
from bs4 import BeautifulSoup

with open('file,html', 'r', encoding = 'utf8') as f:
    soup = BeautifulSoup(f, 'html.parser')
```

BeautifulSoup은 웹 페이지의 구조를 파악하고, 원하는 요소를 쉽게 찾도록 하는 데 도움을 주는 패키지이다. BeautifulSoup의 기본 파싱 도구는 html.parser로서 HTML 문서를 파싱한다. 만약 연구자가 다른 웹 페이지 형식, 예를 들어 XML 문서를 가지고 있다면 파싱 도구에 'lxml'을 입력하면 된다.[30]

BeautifulSoup의 주요 명령어는 [표 3.5]에 제시되어 있다. 예를 들어, find_all( )은 문서 전체에서 ( )에 포함된 유형을 모두 찾아 반환해준다. 만약 find_all('tagname', 'attribute' = value)를 입력하면, 입력된

---

28 파싱이란 HTML, XML 형식으로 작성된 웹 페이지의 데이터 구조를 파악하여, 사용자가 원하는 자료를 추출하는 과정을 의미한다.

29 BeautifulSoup 패키지 공식 홈페이지(https://www.crummy.com/software/BeautifulSoup/, 방문일: 2017년 3월 5일)를 참조.

30 lxml 파싱 도구를 사용하기 위해서는 lxml 패키지를 설치하고, 이 패키지를 호출해야 한다. 설치 방법과 호출 방법은 다른 패키지와 같다.

유형과 일치하는 요소를 찾아 모두 반환해 준다. 또는 tagname만 입력하면, tagname과 일치하는 유형을 찾아 모두 반환해 주기도 한다. 만약 탐색된 모든 결과가 아닌 첫 번째 결과만을 반환하고 종료하고 싶다면, find('tagname', 'attribute' = value) 명령어를 사용하면 된다. 이하의 명령어는 [표 3.5]에 제시된 바와 같다.

[표 3.5] BeautifulSoup 주요 명령어

함수	설명
find_all( )	문서 전체에서 입력 키워드를 찾아 모두 반환
find( )	문서 전체에서 입력 키워드의 첫 번째 발견이 이루어지면, 탐색을 종료
prettify( )	HTML 문서를 트리 구조화하여 보여 줌
get_text( )	HTML 문서의 문자열만 반환
title	〈title〉 태그 전체 요소를 반환
title.name	〈title〉 태그 이름을 반환
title.string	〈title〉 태그의 문자열을 반환
p	〈p〉 태그 전체 요소를 반환
p.string	〈p〉 태그의 문자열을 반환
p.['class']	〈p〉 태그 class 속성에 따른 값 반환
a	하이퍼링크 a 태그 전체 요소
get('href')	하이퍼링크 a와 관련된 url 가져오기
contents	하부 단위의 태그 전체 요소 반환
parent	상부 단위의 태그 전체 요소 반환

BeautifulSoup 매뉴얼에서 제공된 예를 토대로 [표 3.5]에 제시된 명령어의 사용법을 알아보자.[31] ① 먼저 BeautifulSoup을 사용하기 위

31 출처는 BeautifulSoup 매뉴얼 페이지(https://www.crummy.com/software/BeautifulSoup/bs4/doc, 방문일: 2017년 3월 7일)임.

하여 관련 패키지와 모듈을 호출한다. ② 이후 파싱할 파일(html_doc.html)을 읽기 모드로 열어 f란 객체로 넘긴다. ③ html.parser를 전제로 f를 BeautifulSoup 객체인 soup로 넘긴다. 지면 제한으로 반환된 결과값은 생략했다. 독자는 PyCharm을 열어, 아래 예제를 복사한 후 실습해 보길 권고한다.

```
<!DOCTYPE html>
<html><head><title>The Dormouse's story</title></head>
<body>
 <p class='title'><b>The Dormouse's story</b></p>
 <p class='story'>Once upon a time there were three little sisters; and
their names were
  <a href='http://example.com/elsie' class='sister' id='link1'>Elsie</a>,
  <a href='http://example.com/lacie' class='sister' id='link2'>Lacie</a>
and
  <a href='http://example.com/tillie' class='sister' id='link3'>Tillie</a>;
and they lived at the bottom of a well.</p>
  <p class='story'>...</p>
'''
</body>
</html>

from bs4 import BeautifulSoup                                  # ① 호출
with open('html_doc.html', 'r', encoding='utf-8') as f:        # ② 읽기
    soup = BeautifulSoup(f, 'html.parser')                     # ③ 파서

print(soup.prettify())                                         # ④ 트리 구조
print(soup.get_text())                                         # ⑤ 문자열 반환

soup.head
soup.title
soup.title.name
soup.title.string
soup.title.string.replace_with('No More Story')

soup.p
soup.p.string  soup.p.get_text()
soup.p['class']
```

④ 만약 불러온 HTML 문서를 트리 구조화하여 보고 싶다면, print(soup.prettify( ))를 사용하면 가능하다. 또는 ⑤ 불러온 HTML 문서에서 HTML 요소를 제외한 문자열만을 보고 싶다면, print(soup.get_text())를 사용하면 가능하다.

또한 연구자가 HTML 태그 요소에 대한 내용을 검색하고 싶다면, soup에 이어 태그 이름을 입력하면 가능하다. 예를 들어, head 태그에 들어 있는 모든 부분을 보고 싶다면 soup.head를 입력하면 가능하고, title 태그에 들어 있는 모든 부분을 보고 싶다면 soup.title을 입력하면 가능하다. 만약 title 태그에 붙여진 name의 속성을 찾고 싶다면 soup.title.name을, title 태그에 포함된 문자열만을 반환하고 싶다면 soup.title.string을 입력하면 가능하다. 나아가 title 태그에 포함된 문자열을 바꾸고 싶다면, 문자열 함수인 replace_with를 사용하면 가능하다. 이와 같은 기능은 다른 HTML 태그에서도 가능하다. 본문을 의미하는 body 태그에서도, 단락을 의미하는 p 태그에서도 가능하다.

BeautifulSoup은 태그를 이용한 검색뿐만 아니라 속성과 그 값을 이용한 검색도 할 수 있다. 예를 들어, soup.find(id='link3')를 입력하면, 속성이 id이고 그 값이 link3인 요소 전체를 반환한다.

BeautifulSoup에는 몇 가지 주목할 만한 함수가 있다. 예를 들어, 하이퍼링크 태그인 a 태그이다. a 태그는 문서 내 다른 부분 또는 다른 웹페이지로의 연결을 담당하는 태그이다. 만약 연구자가 웹 페이지의 하이퍼링크 모두를 검색하고 싶다면, soup.find_all('a')를 입력하면 된다. 또한 검색된 하이퍼링크 모두를 출력하고 싶다면, 아래 예제와 같이 입력하면 가능하다.

```
soup.a
soup.find_all('a')

# 하이퍼링크 a와 관련된 url 가져오기
for link in soup.find_all('a'):
    print(link.get('href'))
```

주목할 만한 또 다른 함수는 하부 단위의 태그 요소, 그리고 상부 단위의 태그 요소를 가져오는 명령어이다. 예를 들어, head 태그의 하부 단위 태그인 title 태그 요소를 가져오려 할 경우, 하부 단위를 불러오는 명령어인 contents를 사용하면 리스트로 문자열을 반환한다. 같은 맥락에서 title의 상부 단위인 head 태그 요소를 가져오려 할 경우에는 상부 단위를 불러오는 명령어인 parents를 사용하면 리스트로 문자열을 반환한다.

```
# 하부 단위의 태그 전체 요소 반환
head_tag = soup.head
head_tag
head_tag.contents

# 상부 단위의 태그 전체 요소 반환
title_tag = soup.title
title_tag
title_tag.parents
```

지금까지 웹 페이지 문서의 구조를 파악하여 데이터를 추출하는 기법을 배웠다. 이제 이러한 도구를 활용하여 실제 웹 페이지의 데이터를 가져오는 실습을 해 보자. 실습 예제는 대한민국 국회 홈페이지에 게재된 국회의원 현황 자료이다. 국회 웹 페이지상의 자료는 공공누리 자료로서 저작권 침해의 부담 없이 무료로 자유롭게 이용할 수 있다.[32]

32 대한민국 국회에 게재된 자료는 공공누리 자료이며, 이는 국회 홈페이지 우측 하단에 표기되어 있다(http://www.assembly.go.kr/, 방문일: 2017년 3월 8일). 공공누리 자료에 대한 설명은 공공누리 포털(http://www.kogl.or.kr/, 방문일: 2017년 3월 8일)을 참고.

제3절 대한민국 국회 웹 페이지

대한민국 국회 홈페이지(http://www.assembly.go.kr/)에는 다양한 자료가 수시로 업데이트되고 있다. 매년 수천 건의 법률안이 제출되고 있으며, 300명의 국회의원은 이러한 법률안에 대하여 회의하고 표결을 행사하고 있다. 따라서 국회 홈페이지에는 발의안에 대한 정보, 발의안에 대한 논의 과정인 상임위원회 회의록, 본회의 회의록 자료, 그리고 국회의원 표결 자료 등 다양한 자료들이 게재되고 있다. 만약 수작업으로 이러한 자료를 추적하고 분석한다면, 상당한 비용과 시간이 소모될 것이라는 데에는 이견이 없을 것이다. 본 서에서 제시하고 있는 웹 스크랩핑 기법은 이와 같은 어려움을 해소하는 데 기여할 수 있다. 왜냐하면 웹 스크랩핑 작성의 초기 비용을 제외한다면, 지속적으로 변화하는 데이터를 수집하는 데 별다른 추가 비용이 발생하지 않기 때문이다.

본 절에서는 국회 홈페이지에 게재되어 있는 '국회의원 현황' 자료를 예로 들어 웹 스크랩핑을 통한 데이터 수집 기법을 소개하고자 한다. 국회 홈페이지에는 국회의원의 성명, 고유 ID번호, 국회의원의 사진 등이 담긴 국회의원 현황 자료가 게시되어 있다.

웹 스크랩핑 프로그램을 작성하는 단계는 크게 웹 사이트 주소 파악 단계, 데이터 요청 단계, 데이터 정제 및 추출 단계로 구성된다. 웹 스크랩핑의 첫 번째 단계는 추출할 웹 사이트의 주소를 파악하는 단계이다. 국회의원 현황 자료는 국회의원 홈페이지 메뉴에 있는 의원활동 페이지에 있다. 또는 국회 홈페이지에서 의원활동 페이지를 클릭하면, 좌측 패널 하단의 국회의원현황이란 항목을 볼 수 있다. 여기서 국회의원 현황 항목을 클릭하면 〈그림 3.8〉과 같은 페이지를 볼 수 있다.

〈그림 3.8〉 국회의원 현황 페이지(위) 및 소스 화면 확대(아래)

출처: 대한민국 국회 홈페이지(https://www.assembly.go.kr/), 방문일: 2017년 3월 8일.

〈그림 3.8〉 주소창에 표시된 것처럼, http://로 시작하는 URL 주소가 국회의원 현황 페이지 주소이다. 해당 주소에 접근하면, 국회의원 한글 성명, 영문 성명, 당선횟수, 지역구, 사진 등에 관한 정보를 볼 수 있다. 나아가 크롬의 검사 기능을 사용하면, 웹 페이지의 소스 파일에 있는, 그러나 웹 페이지에는 나타나지 않는 추가적인 내용도 파악할 수 있다.

예를 들어 강길부 의원의 경우, 의원 성명, 당선횟수, 지역구, 사진뿐만 아니라, 아래 패널에 있는 jsMemPop 괄호 안의 숫자(9770276)를 통해 고유 ID 번호를 확인할 수 있다. 만약 연구자가 국회의원 성명과 사진 파일뿐만 아니라 국회의원 고유 ID 번호를 수집하고 싶다면, 웹 페이지보다는 크롬의 검사 기능을 활용해 소스 파일을 볼 필요가 있다.

그러나 불행히도 〈그림 3.8〉의 주소창에 있는 URL 주소를 사용하는 데는 한계가 있다. 왜냐하면 국회의원 현황 페이지는 국회의원 전체 명단을 보여 주는 것이 아니라 페이지별로 6명의 국회의원만을 제시하고 있기 때문이다. 따라서 연구자는 페이지를 넘겨 가며 각 페이지에 제시된 국회의원 현황을 수집하든지, 아니면 국회의원 전체 명단이 제시된 페이지를 찾아 국회의원 정보를 수집해야 한다. 파이썬의 경우, 양자 모두에 적합한 패키지가 존재한다. 예를 들어, selenium 패키지를 사용하여 전자를 선택할 수 있으며, requests 패키지를 사용하여 후자를 선택할 수도 있다. 만약 국회의원 전체 명단이 담긴 웹 페이지를 손쉽게 찾을 수 있다면, 여러 페이지를 넘기는 selenium보다 데이터 처리 속도가 빠른 requests가 효율적일 것이다. 따라서 본 서는 수집할 웹 페이지의 주소, 특히 국회의원 전체 명단이 담긴 웹 페이지 주소를 파악하고자 한다.

〈그림 3.8〉 아래 패널의 크롬 검사 페이지를 자세히 살펴보면, 메뉴에 Network란 항목을 발견할 수 있다. Network는 사용자의 데이터 요청에 따른 결과, 즉 서버로부터 받는 데이터 교류 현황을 파악할 수 있게 해 준다. 따라서 memCond.do로 끝나는 국회의원 현황 페이지의 데이터 교류 현황을 보고자 한다면, 먼저 Network 항목을 클릭한 후 페이지 새로 고침 버튼을 누른나.

이러한 과정을 마치면 〈그림 3.9〉 아래 패널에 제시된 것처럼 다양한 파일이 보인다. 이 중 국회의원 현황 페이지 주소에 있는 memCond.do 파일을 클릭하면, 국회의원 현황 페이지의 데이터 교류 현황을 제시하는 다양한 메뉴가 보인다. 이 중 Response 항목을 클릭하면, 반환된 데이터의 소스 파일을 확인할 수 있다.

〈그림 3.9〉 아래 패널에 제시된 것처럼, memCond.do는 Ajax 방식인 memCondListAjax.do를 통해 데이터를 교환하고 있음을 알 수 있다. 즉 http://www.assembly.go.kr/…/memCond.do는 사실상 http://www.assembly.go.kr/…/memCondListAjax.do URL을 통해 데이터를 주고받고 있다는 것을 알 수 있다.[33] 따라서 연구자가 서버에 요청해야 할 실질적인 URL은 전자가 아닌 후자(memCondListAjax.do)이다.

연구자가 요청해야 할 실제 URL이 파악됐다면, 다음 순서는 한 페이지에 전체 국회의원을 나열하는 것이다. 이를 파악하는 방법은 전과 같이 크롬의 검사 기능을 활용하는 것이다. 앞서 파악한 memCondListAjax.do로 끝나는 URL을 주소창에 입력한 후, 크롬

33 Ajax는 사용자와 서버가 정보를 주고받는 방식 중 하나이다. 이 방식은 사용자의 요청에 따라 서버가 전체 페이지가 아닌 일부분만을 보여 주는 방식으로, 사용자의 요청에 따라 일부분만이 업데이트되는 특징이 있다.

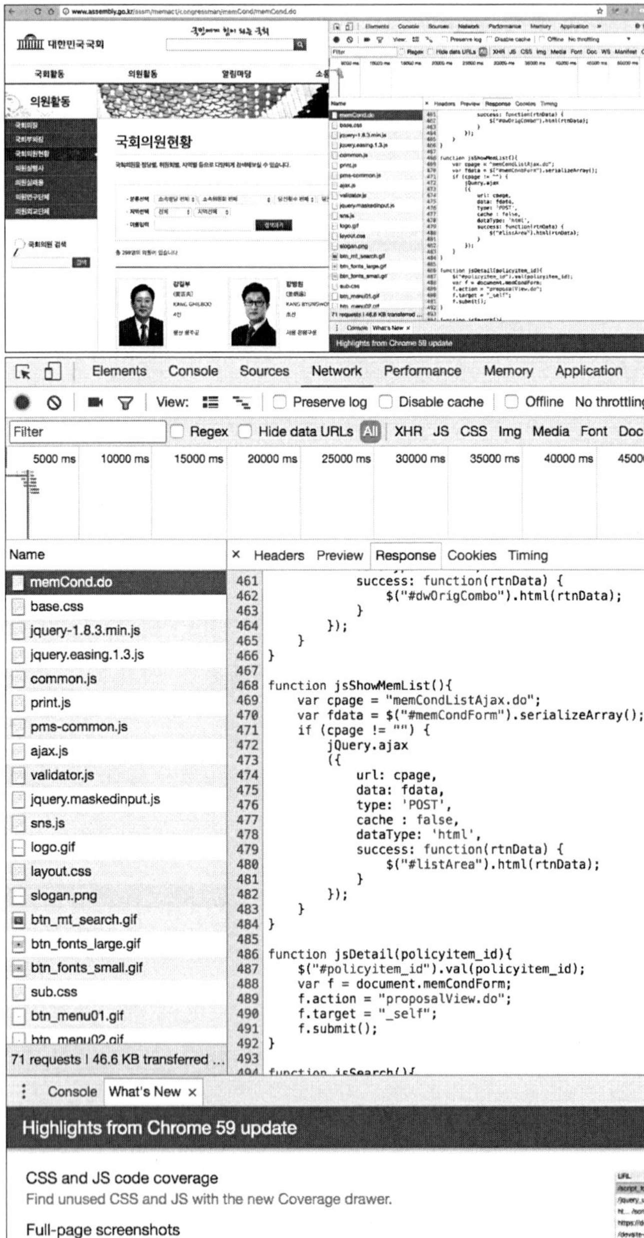

〈그림 3.9〉 국회의원 현황 JavaScript 페이지(위) 및 소스 화면 확대(아래)

의 검사 항목을 클릭하면 해당 페이지의 소스 파일을 볼 수 있다. 전술한 바와 같이, 해당 페이지의 데이터 교환 현황을 파악하기 위하여 Network 기능을 사용한다. Network 창에서 memCondListAjax.do를 클릭하면, 〈그림 3.10〉 아래 패널과 같이 Response 항목에서 데이터 수신에 따른 소스 코드를 볼 수 있다.

〈그림 3.10〉 아래 패널에는 Ajax의 결과 값을 조성하는 태그를 볼 수가 있다. 즉 171줄 '〈!-- //페이징 넘버리스트 --〉' 하단에 보면, 〈… name="currentPage" value="1"〉과 〈… name="rowPerPage" value="6"〉이란 태그가 있다. 이 태그는 현재 페이지("currentPage")에 페이지당 6명("rowPerPage" value="6")을 제시하라는 의미이다. 따라서 이 태그를 조정하면 현재 페이지에 전체 국회의원 명단을 출력할 수 있다. 예를 들어, 아래 예제처럼 실제 URL에 '?currentPage=1&rowPerPage=300'이란 옵션을 추가하여 주소창에 입력하면, 국회의원 전체 명단이 출력될 수 있다.

```
# URL
url = 'http://www.assembly.go.kr/assm/memact/congressman/memCond/memCondListAjax.do?currentPage=1&rowPerPage=300'
```

국회의원 현황에 관한 웹 스크랩핑 두 번째 단계는 사용자 컴퓨터에서 서버로 데이터를 요청하는 단계이다. 데이터 요청 함수는 requests 패키지의 get 함수이다. get에 url을 담아 데이터를 요청하면, 요청에 따라 반환된 값은 req 변수에 담기게 된다.

〈그림 3.10〉 국회의원 현황 Ajax 페이지(위) 및 소스 화면 확대(아래)

```
# 웹 페이지 데이터 요청
req = requests.get(url)
req.status_code
req.text
html = req.content
```

제3장 제2절에서 설명한 바와 같이, 요청한 값이 정상적으로 반환되었는지, 어떤 내용인지 등은 requests에 있는 다양한 함수를 통하여 파악할 수 있다. 예를 들어, status_code는 requests의 get을 통해 요청한 결과가 정상적으로 반환되었는지를 표시하는 함수이다. req.status_code를 실행한 후, 200이 출력되면 요청이 정상적으로 반환되었다는 것을 의미하며, 200 이외의 숫자, 예를 들어 403이 출력되면 권한 부족을, 500이 출력되면 서버 오류 등을 의미한다.

text와 content 함수는 반환된 결과를 표시하는 함수이다. text는 웹 페이지의 소스 파일을 인코딩하여 사용자가 편하게 볼 수 있는 화면을 보여 주는 반면, content는 웹 페이지의 소스 파일을 그대로, 즉 인코딩 전 상태인 바이너리(binary) 형식으로 보여 준다. 따라서 연구자가 웹 페이지의 인코딩 방식을 알고 이미지 파일 등을 수집할 계획이 없다면 text를, 그렇지 않다면 content를 쓸 것을 권고한다. 국회의원 현황 예제의 경우, 사진이란 이미지 파일을 수집할 계획이기 때문에 content를 사용하여 반환 결과를 html에 담았다.

이제 웹 페이지의 세 번째 단계인 웹 페이지 분석 및 데이터 추출 단계이다. 세 번째 단계가 끝나면, 연구자는 한 번의 클릭으로 현재뿐만 아니라 지속적으로 업데이트되는 국회의원 현황 자료를 수집할 수 있는 프로그램을 가지게 된다. 세 번째 단계의 시작은 2단계에서 만들어진 html 객체를 BeautifulSoup 객체로 넘기는 데부터 시작한다. 주지하

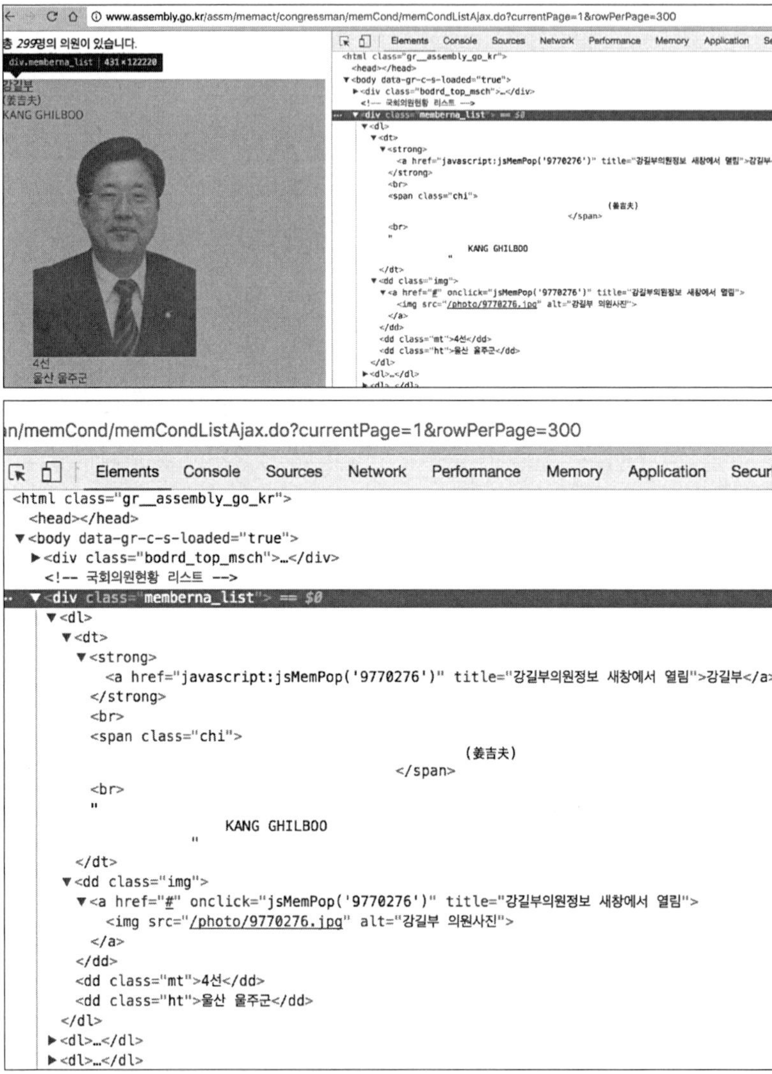

〈그림 3.11〉 크롬 검사 기능을 활용한 데이터 위치 파악(위) 및 소스 화면 확대(아래)

다시피, 웹 페이지를 분석하고 필요로 하는 데이터를 추출하기 위해서는 웹 페이지의 내용, 즉 구문을 분석(또는 파싱)하는 방법이 필요하다.

웹 페이지의 어디에, 어떤 문구가 있는지를 파악하는 방법은 여러 가지이다. 예를 들어, 전술한 크롬의 검사 기능을 사용하는 방법이다. 〈그림 3.11〉과 같이, 국회의원 전체 목록 페이지에서 검사 기능을 활용하여 요구하는 데이터의 위치를 파악할 수 있다. 즉 국회의원 전체 명단이 있는 URL을 사용하여 웹 페이지를 연 후, 검사 기능을 통해 소스 파일상에서 요구하는 데이터의 위치를 파악할 수 있다.

〈그림 3.11〉 아래 패널을 보면, 요구하는 데이터는 class 태그인 〈div class="memberna_list"〉에, 특히 〈dl〉과 〈dt〉의 하단 〈a〉 태그에 놓인 것을 알 수 있다. 즉 국회의원 고유 ID는 'javascript: jsMemPop'의 괄호 안에, 국회의원 성명은 〈a〉 태그 안에 놓인 것을 알 수 있다. 따라서 연구자는 각 태그를 펼쳐 태그 안의 내용을 확인해 데이터를 추출할 수 있다.

두 번째 방법은 반환된 데이터 소스 파일, 즉 바이너리 형식으로 된 html 파일을 활용하는 방법이다. 그렇지만 〈그림 3.12〉에 제시된 것처럼, html은 웹 페이지의 소스 파일을 바이너리 파일로 담은 형태로서 인간보다 컴퓨터에 친화적이기 때문에 더욱 번거로운 작업이란 것을 알 수 있다.[34]

```
>>> html
b'<div class="bodrd_top_msch">\r\n\t<!-- \xea\xb2\x80\xec\x83\x89\xea\xb2\xb0\xea\xb3\xbc \xeb\xa6\xac\xec\x8a\xa4\xed\x8a\xb8-->
```

〈그림 3.12〉 html 객체를 활용한 데이터 위치 파악

34 웹 페이지 소스 파일을 인코딩하여 반환한 경우에도 요구하는 데이터의 위치를 파악하는 것은 여전히 어렵다. 위 예제의 경우, req.text를 사용한 반환 결과 역시 데이터 위치를 파악하는 데 한계가 있었다.

세 번째 방법은 BeautifulSoup을 활용하는 방법이다. 세 번째 방법은 데이터의 소재 파악뿐만 아니라 파악된 데이터를 손쉽게 추출할 수 있는 장점이 있다. 세 번째 방법은 먼저 html 변수를 BeautifulSoup의 파싱 도구와 함께 넘기면서부터 시작한다. 예제의 경우, 국회의원 현황 페이지가 HTML로 작성되어 있기 때문에 기본 파싱 도구인 html.parser를 이용한다. BeautifulSoup을 사용하기 위해 먼저 html 변수와 파싱 도구가 계승된 soup 객체를 아래 예제와 같이 만들었다.

```
# 웹 페이지 분석 및 데이터 추출
soup = BeautifulSoup(html, 'html.parser')
```

〈그림 3.13〉에 제시된 바와 같이, soup은 마치 크롬의 검사 기능을 이용한 것과 유사한 결과물을 제시하고 있다. 그렇지만 크롬의 검사 기능과 달리, 모든 태그가 열려 있는 상태로 제시되어 있다.

```
>>> soup
<div class="bodrd_top_msch">
<!-- 검색결과 리스트-->
<div class="numlist_txt">총 <em class="cr">299</em>명의 의원이 있습니다.</div>
<div class="btn_tr">
<a class="btntxt01" href="#" onclick="window.open('/memCond/hnumseat.do','hnumseat','left=0, top=0, resizable=no, scrollbars=no,
<a class="btntxt02" href="http://www.rokps.or.kr/profile/profile_number.asp" target="_blank" title="새창으로 열림">역대 국회의원</a>
</div>
</div>
<!-- 국회의원현황 리스트 -->
<div class="memberna_list">
<dl>
<dt>
<strong><a href="javascript:jsMemPop('9770276')" title="강길부의원정보 새창에서 열림">강길부</a></strong><br/>
<span class="chi">
                                        (姜吉夫)
                                </span><br/>
                KANG GHILBOO
            </dt>
<dd class="img">
<a href="#" onclick="jsMemPop('9770276')" title="강길부의원정보 새창에서 열림">
<img alt="강길부 의원사진" src="/photo/9770276.jpg"/>
</a>
</dd>
<dd class="mt">4선</dd>
<dd class="ht">울산 울주군</dd>
</dl>
<dl>
<dt>
```

〈그림 3.13〉 BeautifulSoup을 활용한 데이터 위치 파악

BeautifulSoup의 장점은 파악된 위치 정보를 활용하여 데이터를 가져올 수 있다는 데 있다. 예를 들어, 〈그림 3.13〉의 경우, 국회의원 고유 ID 번호는 〈a href〉 태그 값에 위치한 숫자이며('9770276'), 국회의원 성명은 〈a〉 태그 사이에 있는 위치한 문자열(강길부)이다. 또한 〈그림 3.13〉의 하단에 있듯이, 사진 파일은 국회 홈페이지(http://www.assembly.go.kr)를 기준으로 photo 폴더에 위치하고, 파일명은 '국회의원 고유 ID 번호.jpg'이다("/photo/9770276.jpg"). BeautifulSoup은 이러한 정보를 이용하여 데이터를 추출할 수 있다.

```
# 웹 페이지 분석 및 데이터 추출
member_list = soup.select('.memberna_list dl dt a')
member_list
'javascript:jsMemPop('9770276')' title='강길부의원정보 새창에서 열림'>강
길부</a>, <a href='javascript:jsMemPop('9770933')' title='강병원의원정보
새창에서 열림'>강병원</a>,...'
for member in member_list:
  name = member.text
  print(name)
강길부
강병원
...
```

예를 들어, 국회의원 고유 ID 번호와 성명 정보는 <div class="memberna_list"> 하위에 있는 일반 태그 <dl>, <dt>, <a> 태그에 놓여 있다. 따라서 soup.select('.memberna_list dl dt a')를 입력할 경우, <a> 태그에 놓여 있는 모든 정보를 가져온다. 만약 연구자가 국회의원 성명 정보를 원한다면, 가져온 〈a〉 태그에서 문자열을 가져오는 명령어(member.text)를 사용하여 원하는 정보를 수집할 수 있다. 같은 방식으로 국회의

원 고유 ID 번호를 추출할 수 있다.[35]

한 걸음 더 들어가기

css select 함수를 이용하여, 웹 페이지를 보다 효율적으로 분석할 수 있다.[36] Class selector를 이용하면(즉, .classname), 태그의 클래스와 그 속성을 찾을 수 있다. 예를 들어, index란 클래스를 찾고자 한다면, .index 입력을 통해 모든 index 클래스를 찾을 수 있다. 또한 ID selector를 이용하면(즉, #idname), 태그의 ID와 그 속성을 찾을 수 있다. 예를 들어, toc란 ID를 찾고자 한다면, #toc 입력을 통해 모든 toc를 찾을 수 있다. 끝으로 태그 요소(node name)를 찾고자 한다면, Type selector를 통해 해결할 수 있다(즉, element name). 예를 들어, 〈input〉이란 태그를 찾고자 한다면, input 자체를 입력해 모든 〈input〉 태그를 찾을 수 있다.

만약 추출된 정보를 저장하고 싶다면, for 구문을 사용하여 국회의원 전체에 대한 정보를 저장할 수 있다. 예를 들어 아래 예제처럼 for 구문 속에 국회의원 성명과 고유 ID 번호를 담아 저장할 수 있다.

```
# 웹 페이지 분석 및 데이터 추출
with open('member_list.csv', 'w') as f:
        csv_writer = csv.writer(f)
        for member in member_list:
          # 국회의원 성명
          name = member.text
          # 국회의원 ID
```

35 국회의원 고유 ID 번호의 경우, 작은따옴표와 숫자로 구성되어 있다. 따라서 작은따옴표를 제외한 숫자만을 요구할 경우, 정규표현식 등을 이용하여 원하는 데이터만을 가져올 수 있다.

36 css selector에 대한 보다 자세한 내용은 MDN web docs를 참조(https://developer.mozilla.org/en-US/docs/Web/CSS/CSS_Selectors, 방문일: 2017년 12월 13일).

```
id_href = member['href']

pattern = re.search(r'\d+', id_href)
if pattern:
  mem_id = pattern.group(0)
 else:
  mem_id = None
```

스크립트의 첫 번째 줄은 저장할 파일과 그 파일이 담길 객체를 지정하는 구문이다. 즉 open('member_list.csv', 'w')을 사용하여 저장할 파일을 쓸 수 있는 형태('w')로 열고, 객체 f를 생성했다. 두 번째 줄은 csv 패키지의 쓰기 함수인 csv.writer의 속성을 계승한 csv_writer 객체를 만들어, 앞서의 f를 담았다.

세 번째 줄부터는 for 구문을 사용하여, 개별 국회의원의 성명과 고유 ID 번호를 가져오는 명령어들이다. 'for member in member_list:'는 member_list 변수에 담겨 있는 정보를 하나씩 꺼내어 member로 옮긴 후, ':' 이하의 명령어를 수행하라는 의미이다. 예를 들어, 'name = member.text'는 member에 담겨진, 즉 〈a〉 태그 사이의 문자열을 name에 넣으라는 명령어이다. 또한 'id_href = member['href']'는 member에 있는 〈a〉 태그의 속성('href') 값을 id_href에 넣으라는 명령어이다. 따라서 name에 담기는 첫 번째 문자열은 강경부이고, id_href에 담기는 첫 번째 속성 값은 'javascript:jsMemPop('9770276')'이다.

아직 해결해야 할 과제가 하나 더 남는다. name 변수에 담겨진 데이터는 국회의원 성명 자체이기 때문에 별도의 정제를 요구하지 않는다. 그러나 id_href의 경우에는 원하는 숫자 데이터(즉 9770276)와 더불어 특수문자(예를 들어, :)와 문자열(예를 들어, javascript 등)이 혼재되어 있다. 따라서 id_href의 경우 별도의 정제 작업을 요구한다.

'pattern = re.search(r'\d+', id_href)' 이하의 명령문은 id_href에 담긴 내용을 정제하여, 필요로 하는 숫자 데이터만을 mem_id에 담는 작업을 수행하는 명령어 구문이다. re.search 구문은 정규표현식 패키지 함수인 search를 사용하여 내용을 탐색하는 명령문이다. re.search( )의 첫 번째 인자에는 탐색하는 표현이 담기며, 두 번째 인자에는 탐색하는 대상이 담긴다. re.search(r'\d+', id_href)의 경우, id_href 변수에서 r'\d+'에 해당하는 표현을 찾으라는 의미이다.[37]

re.search( ) 구문의 결과 값은 True와 False 두 가지이다. 즉 r'\d+'에 해당하는 표현이 있으면 True이고, 해당하는 표현이 없으면 False가 된다. 따라서 pattern에 담기는 값은 단지 True와 False이기 때문에, 연구자가 원하는 데이터가 담기기 위해서는 추가 구문이 필요하다. 일반적으로 if와 else가 추가 구문으로 사용된다. 예제에서 'if pattern:'은 if True를 의미하며, 이때 수행하는 구문은 'mem_id = pattern.group(0)'이다. 즉 pattern이 True인 경우, pattern에 매칭되는 값 모두를 가져와 mem_id 변수에 넣으라는 의미이다. 반면 'else:'에 해당하는 경우, 즉 pattern이 False인 경우, mem_id 변수에 None 값을 넣으라는 명령어이다.

이렇게 해서 국회의원 성명과 고유 ID 번호를 넣는 프로그램은 마무리된다. 이제 국회의원 현황 프로그램의 마지막 작업인 국회의원 사진 파일을 가져와 저장하는 작업이다. 다행히도 사진 파일은 국회 홈페이지(http://www.assembly.go.kr)의 하위 폴더인 photo 폴더 밑에

37 정규표현식에서 \d는 임의의 숫자를 의미하며, +는 바로 앞 문자의 1회 이상 반복을 의미한다. 따라서 \d+는 1개 이상의 숫자를 의미한다. 보다 자세한 내용은 [표 3.3]을 참고하기 바란다.

'국회의원 고유 ID 번호.jpg' 형식으로 제시되어 있다(〈그림 3.13〉 참고). 예를 들어, 강길부 사진 파일은 〈img src="/photo/9770276.jpg" ...〉에 있으며, 이는 하위 폴더인 photo에 사진 파일이 있고, 파일명은 9770276.jpg란 의미이다. 이러한 정보를 활용하여 명령어 구문을 작성하면, 아래 예제와 같다.

```
# 웹 페이지 분석 및 데이터 추출
# 국회의원 사진
pic = open('photo/{}.jpg'.format(mem_id), 'wb')
request_photo =\
  requests.get('http://www.assembly.go.kr/photo/{}.jpg'.format(mem_
id)).content
pic.write(request_photo)
```

pic=open('photo/{}.jpg'.format(mem_id), 'wb')는 저장할 파일을 열라는 명령어이다. open( ) 안의 첫 번째 인자에는 파일명이, 두 번째 인사에는 파일의 속성이 삽입되어 사진 파일이 저장될 파일(pic)을 연다. 예제의 경우, 사진 파일만을 따로 저장하기 위한 photo 폴더를 사전에 생성해 놓았다. 따라서 'photo/{}.jpg'.format(mem_id) 명령어는 photo 폴더 밑에 확장자가 jpg인 파일을 만들라는 의미이다. 또한 파일명이 국회의원 고유 ID 번호에 따라 달라지기 때문에 format을 이용했다. 한편 open( ) 안의 두 번째 인자에는 파일 속성이 놓인다. 예제의 경우, 사진 파일을 담을 수 있는 속성, 즉 'wb'(write and binary)를 삽입했다.

다음 줄은 웹 페이지에 사진 데이터를 요청하는 단계이다. get을 이용하여 데이터를 요청한 후, 반환된 사진은 request_photo에 담았다. 끝으로 write를 사용하여 request_photo 변수에 담긴 내용을 pic 파일에 저장하였다.

이제 추출한 국회의원 성명과 고유 ID 번호를 csv 파일에 저장하면, 국회의원 현황을 위한 웹 스크래핑 프로그래밍이 완성된다. 저장할 csv 파일은 이미 두 번째 줄에 csv.writer(f) 구문을 통해 csv_writer로 넘겼다. 따라서 남은 작업은 추출한 name과 mem_id 값을 각각 csv_writer에 쓰는 과정이다. 이와 같은 작업은 아래 예제와 같이 csv 패키지의 writerow 함수를 통해 구현된다.

```
# 웹 페이지 분석 및 데이터 추출
csv_writer.writerow([name, mem_id])
```

지금까지 국회 홈페이지에 제공된 국회의원 현황 데이터를 가져오는 프로그램을 만들어 보았다. 이 프로그램은 20줄 미만의 명령어로 국회의원 전체의 성명과 고유 ID 번호, 그리고 사진 파일을 저장할 수 있도록 구성되었다. 이 프로그램의 장점은 현재뿐만 아니라 향후에도 국회의원 현황 자료를 가져올 수 있다는 데 있다. 즉 일단 작성된 프로그램은 웹 페이지의 소스 파일이 변경되지 않는 한 지속적으로 사용할 수 있다.

이보다 더욱 큰 장점은 이러한 프로그램을 누군가가 오픈소스로 만들어 놓았다면, 연구자는 별도의 노력 없이 바로 데이터를 수집할 수 있다는 것이다. 예를 들어, 본 서에서 예제로 사용한 국회의원 현황 웹 스크래핑 프로그램은 오픈소스이기 때문에, 연구자는 별도의 노력 없이 이 프로그램을 바로 사용하여 데이터를 수집할 수 있다(전체 프로그램 소스는 〈부록 3.1〉 참고). 나아가 파이썬 커뮤니티에는 이미 다양한 웹 스크래핑 프로그램이 만들어져 있다. 따라서 작성된 프로그램이 오픈소스일 경우, 연구자는 기존 프로그램을 부분 수정하는 것만으로도 자신의 목적을 달성할 수 있다. 또한 상당수 웹 페이지는 API를 제공하고 있어 웹 스크랩핑의 난제 중 하나인 웹 페이지 분석 단계를 생략할 수 있다. 따라서 연구자는 약간의 초기 비용으로 자신의 연구 목적에 맞는 데이터, 특히 빅데이터를 효율적으로 가져올 수 있는 도구를 갖게 된다. 이어지는 제4장에서는 API를 통한 데이터 수집 기법을 설명하고자 한다.

부록 3.1 국회의원 현황 페이지 웹 스크랩핑 프로그램

```
from bs4 import BeautifulSoup
import requests
import re
import csvimport os

# 국회의원 현황 페이지
# URL url = \
'http://www.assembly.go.kr/assm/memact/congressman/memCond/
memCondListAjax.do?currentPage=1&rowPerPage=300'

# 웹 페이지 데이터 요청
req = requests.get(url)
req.status_code
req.text
html = req.content

# 웹 페이지 분석 및 데이터 추출
soup = BeautifulSoup(html, 'html.parser')
member_list = soup.select('.memberna_list dl dt a')

with open('member_list.csv', 'w') as f:
        csv_writer = csv.writer(f)
        for member in member_list:
          # 국회의원 성명
          name = member.text

          # 국회의원 ID
          id_href = member['href']
            pattern = re.search(r'\d+', id_href)
          if pattern:
             mem_id = pattern.group(0)
            else:
             mem_id = None
            # 국회의원 사진
          pic = open('photo/{}.jpg'.format(mem_id), 'wb')
            request_photo = \
             requests.get('http://www.assembly.go.kr/photo/{}.jpg'.format(mem_id)).
             content
          pic.write(request_photo)
          csv_writer.writerow([name, mem_id])
```

제4장

API를 통한 데이터 수집

제4장 API를 통한 데이터 수집

데이터 수집에는 상당한 시간과 비용이 소모된다. 비록 웹 스크랩핑을 통해 이러한 문제점이 다소 해소될 수 있을지라도, 매일, 매시간, 혹은 매초마다 새로운 데이터가 생성된다면, 데이터 수집은 여전히 문제로 남는다. 본 상에서는 이러한 문제를 해결하기 위한 방법 중 하나로서 API를 소개하고자 한다. 데이터 생성기관이 제공하는 API는 몇 줄의 코드를 통해 웹 스크랩핑보다 효율적인 방식으로 데이터를 수집할 수 있다.

제1절 API와 프로그래밍

API(Application Programming Interface)란 사용자가 서버로부터 데이터를 보다 편리하게 가져올 수 있도록 만들어 주는 인터페이스이다. 예를 들어, 트위터 API는 트위터에 게재된 수많은 트윗, 리트윗 등을 편리하게 수집할 수 있는 기능을 제공하며, 페이스북 API는 페이스북 Page에 게재된 게시물, 댓글 등을 편리하게 수집할 수 있도록 하는 기능을 제공한다. 또한 통계청 API를 비롯한 다양한 정부 기관의 API는 간단한 프로그래밍을 통해 원하는 데이터를 손쉽게 획득할 수 있도록 도와준다.

API는 웹 스크랩핑 방식과 달리 웹 페이지 구문 분석(parsing)을 요구하지 않는다는 점에서, 그리고 웹 페이지의 변동에 구애받지 않는 점에서 장점이 있다. 특히 트위터나 페이스북과 같이 실시간으로 데이터가 생성되는 웹 페이지의 경우, API를 통해 웹 페이지가 제공하는 데이터를 실시간으로 수집할 수 있다. 따라서 만약 웹 페이지가 API를 제공한다면, 데이터 수집에서 겪는 애로점이 상당 부분 해소될 것으로 기대할 수 있다.

API를 구성하는 방식은 웹 페이지마다 다르지만, 일반적으로 사용자가 URL 또는 HTTP를 통해 서버에 요청(request)하면, 서버는 HTML, XML, JSON 등으로 요청의 결과물을 반환(response)하는 방식을 취하고 있다.[38] 달리 이야기하면, API를 이용하여 인터넷 주소창에 요구하는 정보를 입력하면, 그 정보는 웹 페이지의 서버로 전달되고, 서버는 요청된 데이터를 사용자에게 다시 반환해 주는 형태로 구성되어 있다. 따라서 웹 페이지에서 제공하는 API를 활용하여 프로그램을 작성하면, 몇 줄의 코드만으로 요구하는 데이터를 손쉽게 획득할 수 있다.

더욱 다행인 점은 파이썬 라이브러리에는 이미 API를 기반으로 구성된 다양한 프로그램이 있다는 것이다. 이들 프로그램을 활용하면, 연구자는 다소의 프로그램 수정만으로 필요한 데이터를 수집할 수 있다. 제2절부터는 네이버 API, 트위터 API 그리고 통계청 API를 활용하여 데

---

38 출처: 위키피디아(https://en.wikipedia.org/wiki/Representational_state_transfer), 방문일: 2017년 3월 9일. 서버들이 상호 작용하는 방식을 소위 REST(Representational State Transfer)라 칭하는데, 웹 페이지가 특정한 REST 원칙을 따를 때, RESTful하다고 일컫는다. 출처: Codecaemcy 중급자편(https://www.codecademy.com/), 방문일: 2017년 3월 9일.

이터 수집 방법을 소개하고자 한다. 페이스북 API를 활용한 데이터 수집방법은 제5장에서 논의한다.

제2절 네이버 API를 이용한 데이터 추출

네이버는 API를 통해 다양한 데이터를 대중에게 공개하고 있다. 잘 알려진 바와 같이, 네이버 포털 사이트에서는 수많은 신문들이 기사를 공유하고 있으며, 카페와 블로그에서는 수많은 글들이 작성되고 있다. 또한 지도를 비롯한 이미지 자료들이 네이버 포털 사이트에 탑재되어 있다.

네이버는 이와 같이 다양한 데이터를 다양한 방식으로 대중과 공유하고 있다. 예를 들어, 네이버 데이터랩(http://datalab.naver.com/)에는 분야별 인기 검색어가 제시되어 있으며, 또한 사용자가 키워드를 입력하면 관련 정보가 출력되는 방식으로도 정보를 제공하고 있다.

네이버가 데이터를 제공하는 또 다른 방식은 API를 통한 방식이다. API를 통해 신문사, 블로거, 카페 운영자 등 다양한 주체들이 네이버 포털에 올린 정보를 검색할 수 있다. 이와 같은 데이터 중에서 본 서는 신문기사 추출에 관한 프로그램을 소개하고자 한다. 이 프로그램은 API를 통해 특정 키워드가 들어 있는 신문기사를 추출한 후, 그 기사의 제목, 원문 링크, 내용, 작성 일자 등을 출력하는 프로그램이다. 물론 연구자가 데이터를 출력하는 대신 저장하려 한다면, CSV 파일 등으로 저장할 수도 있다.

네이버 API를 이용하기 위해서는 네이버에서 애플리케이션을 등록해야 한다. 애플리케이션 등록은 애플리케이션 등록 사이트(https://

developers.naver.com/apps/#/register)에서 무료로 할 수 있다. 본서의 경우 사용하는 애플리케이션이 신문기사에 대한 검색 기능이기 때문에, 〈그림 4.1〉과 같이 '사용 API'는 '검색'으로 선택했다. 애플리케이션 등록을 마치고 나면, API 사용을 위한 Client ID와 Client Secret 값이 부여된다. 이 두 개의 값을 이용하면, 네이버 API가 제공하는 다양한 데이터를 추출할 수 있다.

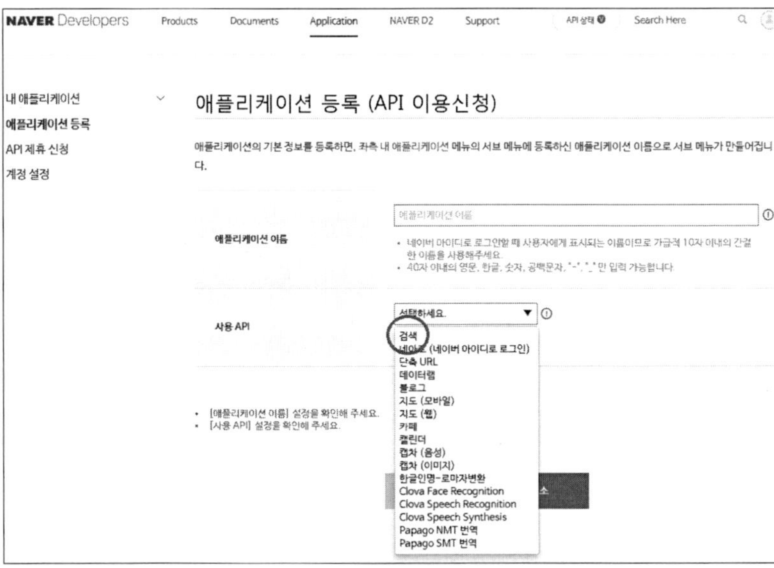

〈그림 4.1〉 네이버 애플리케이션 등록

본 서에서 설명하는 네이버 신문기사 검색 프로그램은 크게 데이터 요청 부분과 데이터 출력 부분으로 구분된다. 첫 번째 부분은 네이버에 대해 신문기사 검색을 요청하는 부분이다. 두 번째 부분은 네이버로부터 응답된 데이터를 출력하는 부분이다. 전체 프로그램은 〈부록 4.1〉

에 제공되어 있다.

언제나처럼 스크립트는 사용할 패키지를 불러오는 데서 시작한다. 네이버 신문기사 검색 프로그램에 사용되는 패키지는 웹 페이지 요청을 위한 requests 패키지와 응답된 데이터를 처리하기 위한 json 패키지이다.

```
import requests
import json

# 데이터 요청
Client_ID ='aaaaaaa'
Client_Secret = 'bbbbbbb'

url = 'https://openapi.naver.com/v1/search/news.json?query=경북대학교'
headers = {
   'X-Naver-Client-Id': Client_ID,
   'X-Naver-Client-Secret': Client_Secret,
       }
req = requests.get(url, headers=headers)
```

네이버 신문기사 검색 프로그램의 첫 번째 부분은 네이버 포털 사이트에 데이터를 요청하는 것이다. 데이터 요청을 위해서는 애플리케이션 등록을 마친 후 제공되는 Client ID와 Client Secret 값이 필요하다. 위 예제의 경우, Client ID와 Client Secret 값을 임의로 입력하였으니, 연구자는 애플리케이션 등록을 마친 후 제공되는 고유 Client ID와 Client Secret 값을 입력해야 한다.

이후 부분은 일반적인 데이터 요청 부분과 같다. 먼저 접근할 웹 페이지 주소와 요청하는 내용이 담긴 요청 변수(query parameter)를 담은 객체를 생성한다. 예제의 경우, 네이버 뉴스 검색 주소인 https://

developers.naver.com/docs/search/news/와 검색하고자 하는 '경북대학교' 요청 변수를 담은 url 객체를 생성했다. url은 네이버 뉴스 포털에 등록된 신문기사 중 경북대학교란 키워드가 입력된 기사를 요청하는 내용을 담고 있다.[39] 이후 네이버 API 이용을 위한 Client ID와 Client Secret 값이 담긴 headers를 작성한다. 끝으로 requests 패키지의 get 함수를 이용하여, url에 담긴 요청 정보와 headers를 이용하여 서버에 데이터를 요청한다. 서버로부터 반환된 데이터는 req 객체에 담기게 된다.

```
# 데이터 출력
json_data = json.loads(req.text)

for data in json_data['items']:
    print('기사제목: {0}, 기사링크: {1}, 기사내용: {2}, 기사일자: {3}'.\
    format(data['title'], data['originallink'], data['description'],\
    data['pubDate']))
```

이제, 서버로부터 받은 데이터를 출력해 보자. 네이버 API를 통해 전송되는 데이터는 XML과 JSON 형태이다. 예제의 경우, 서버로부터 반환된 req 중 문자열만을 필요로 하기 때문에 json.loads(req.text)를 사용했다. 이렇게 추출된 문자열은 json_data로 옮겨졌다.

json_data에는 서버로부터 전송된 데이터 중 문자열 데이터가 담겨 있다. 〈그림 4.2〉에 제시된 것처럼 json_data에는 생성된 시간(lastBuildDate), 검색 결과 총 개수(total), 현재 문서의 시작점(start), 현재

39 요청에 따른 검색 결과는 10개가 기본이다. 만약 연구자가 10개 이상의 검색 결과를 필요로 한다면, display 요청 변수를 통해 검색 결과를 조정할 수 있다. 요청 변수에 관한 자세한 사항은 네이버 개발자 Documents 사이트(https://developers.naver.com/docs/search/news/)를 참조.

게시된 개수(display), 개별 검색 결과(items) 등이 사전 자료 형태로 표시되어 있다.


```
{
"lastBuildDate": "Mon, 16 Oct 2017 14:03:21 +0900",
"total": 165908,
"start": 1,
"display": 2,
"items": [
{
"title": "로스쿨 출범 후 임용검사 70% SKY학부, 82% 수도권 로스쿨",
"originallink": "http://news1.kr/articles/?3124720",
"link": "http://news.naver.com/main/read.nhn?mode=LSD&mid=sec&sid1=102&oid=421&aid=0002992007",
"description": "반면 지방대 학부 출신 임용자는 △한국과기원(9명) △경찰대(6명) △<b>경북대</b>·전남대(각 3명)을 포함한... 반면 비수도권 로스쿨 출신은 49명(△부산
"pubDate": "Mon, 16 Oct 2017 13:47:00 +0900"

},
{
"title": "로스쿨 임용검사 70% 'SKY 학부' ... 지방대 11% 불과",
"originallink": "http://www.lawissue.co.kr/view.php?ud=201710161334118087d48e16fff2_12",
"link": "http://www.lawissue.co.kr/view.php?ud=201710161334118087d48e16fff2_12",
"description": "지방대 학부 출신 임용자는 ▲한국과기원(9명) ▲경찰대(6명) ▲<b>경북대</b>·전남대(3명)을 포함한 29명으로 그... 7명, <b>경북대</b> 로스쿨 6명 등)으
"pubDate": "Mon, 16 Oct 2017 13:42:00 +0900"

}
]
```


〈그림 4.2〉 '경북대학교'를 키워드로 한 네이버 신문기사 검색

만약 연구자가 필요로 하는 데이터가 개별 검색 결과, 즉 〈그림 4.2〉 items 이하의 내용이라면, for 구문을 통해 items 안에 있는 개별 자료, 예를 들어 title, originallink, description, pubDate 등을 추출할 수 있다.

이렇게 추출된 데이터는 print 명령문을 사용하여 출력할 수 있다. 앞의 예제에 제시된 것처럼, '기사제목: '이란 문자열과 함께 data['title']의 값을 출력하게 구성할 수 있다. 또한 '기사링크: '란 문자열과 함께 data['originallink']의 값을 출력할 수 있다. 이러한 방식으로 구성된 print 명령문을 실행하면, '기사제목: 로스쿨 출범 후 임용검사 70% SKY학부, 82% 수도권 로스쿨', '기사링크 : http://news1.kr/articles/?3124720' 등이 출력된다. 전체 결과물은 〈그림 4.3〉과 같다(2017년 10월 16일 실행 결과).

```
기사제목: 전남대 로스쿨 출신 임용 검사 불과 3명, 기사링크 : http://app.yonhapnews.co.kr/YNA/Basic/SNS/r.aspx?c=AKR20171016112900054&did=1195m, 기사내용: 지방대는
기사제목: 바이네르, <b>경북대</b>와 창업 인재 육성을 위한 협약, 기사링크 : http://app.yonhapnews.co.kr/YNA/Basic/SNS/r.aspx?c=AKR20171016108800060&did=1195m, 기사
기사제목: 로스쿨 출범 후 임용검사 70% SKY학부, 82% 수도권 로스쿨, 기사링크 : http://news1.kr/articles/?3124720, 기사내용: 반면 지방대 학부 출신 임용자는 △한국과
기사제목: 로스쿨 임용검사 70% 'SKY 학부' ... 지방대 11% 불과, 기사링크 : http://www.lawissue.co.kr/view.php?ud=20171016133411808 7d48e16fff2_12, 기사내용: 지방대
기사제목: 화우공익재단, 19일 '동성혼 합법화 논쟁' 세미나 개최, 기사링크 : http://biz.chosun.com/site/data/html_dir/2017/10/16/2017101601414.html, 기사내용: 이날
기사제목: [티브로드뉴스]&lt;대구&gt; <b>경북대</b>병원, 연말까지 대구<b>경북</b> 15개 학교 대상 교육기..., 기사링크 : http://ch1.tbroad.com/content/view?parent_n
기사제목: KREI, 소규모 산림경영 국제세미나 개최, 기사링크 : http://www.gukjenews.com/news/articleView.html?idxno=801212, 기사내용: 발표 이후에는 석현덕 KREI 선임
기사제목: 로스쿨 검사 임용 지방대 출신 11%…수도권 편중 '극심', 기사링크 : http://www.gukjenews.com/news/articleView.html?idxno=801191, 기사내용: 반면 지방대 학부
기사제목: 정갑윤 의원 &quot;로스쿨 임용검사 70% SKY 출신&quot;, 기사링크 : http://www.uinews.co.kr/news/articleView.html?idxno=278568, 기사내용: 반면 지방대 학부
기사제목: 화우공익재단, '동성혼 합법화' 관련 세미나 개최, 기사링크 : http://www.joseilbo.com/news/news_read.php?uid=337305&class=10&grp=, 기사내용: 이날 세미나는

Process finished with exit code 0
```

〈그림 4.3〉 '경북대학교' 키워드를 사용한 네이버 뉴스 검색 결과

이어서 트위터 API를 이용하여 실시간으로 트위터 데이터를 가져오는 방법을 소개하고자 한다.

제3절 트위터 API를 이용한 데이터 추출

트위터는 연구자 편의를 위한 API가 오래전부터 잘 갖추어져 있다. 따라서 파이썬 라이브러리에는 트위터 API를 기반으로 한 다양한 프로그램들이 이미 작성되어 있다. 예를 들어, TwitterSearch 패키지,[40] tweepy 패키지,[41] twitter 패키지[42] 등 다양한 패키지들이 이미 트위터 API를 활용해 트위터 데이터를 가져올 수 있도록 만들어져 있다. 본 서는 이와 같은 패키지 중 트위터 데이터를 실시간으로 가져오는 패키지인 tweepy를 소개하고자 한다.[43] 여기서 유념할 점은 API를 이용한 트위터 데이터 수집은 전체 트위터 데이터 중 랜덤 1%로 제한된다는 점이다.

40 TwitterSearch에 대해서는 https://github.com/ckoepp/TwitterSearch 참조, 방문일: 2017년 3월 9일.
41 tweepy에 대해서는 https://github.com/tweepy/tweepy 참조, 방문일: 2017년 3월 9일.
42 twitter에 대해서는 https://pypi.python.org/pypi/twitter/1.17.1 참조, 방문일: 2017년 3월 9일.
43 Harrison Kinsley의 코드는 유튜브 동영상(https://youtu.be/pUUxmvvl2FE, 방문일: 2017년 3월 9일)을 참조. 서대원의 코드 공유에 감사드립니다.

트위터 데이터를 이용하기 위해서는 트위터 계정과 API 코드가 필요하다. 트위터 계정은 트위터 홈페이지(https://twitter.com/)에서 회원 가입을 통해 발급받을 수 있다. 웹 브라우저 주소창에 https://apps.twitter.com/app/new를 입력하면, 〈그림 4.4〉와 같은 트위터 애플리케이션 페이지에 접근할 수 있다.

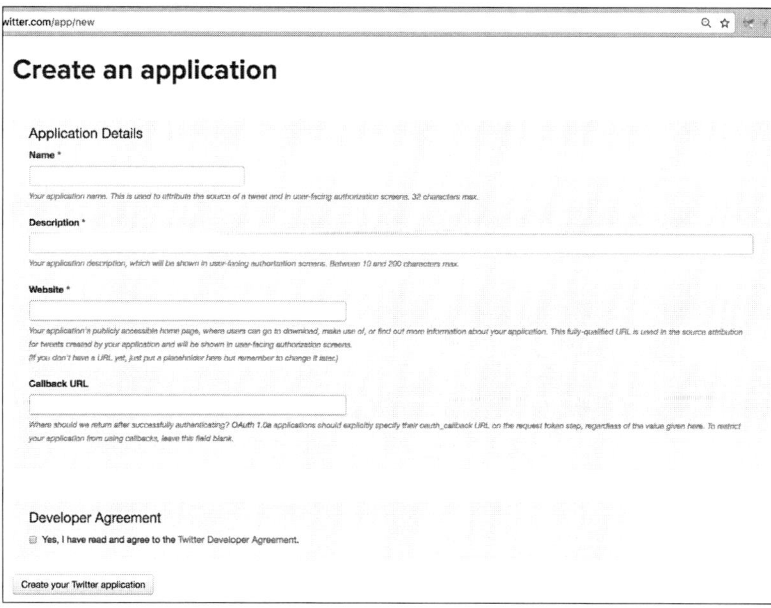

〈그림 4.4〉 트위터 API 코드 생성

〈그림 4.4〉의 각 항목을 입력한 후 'Create your Twitter application'을 클릭하면, 트위터 API 사용에 필요한 정보를 담은 Application Management 페이지가 열린다. 해당 페이지의 중간에 위치한 'Keys and Access Token' 항목을 클릭하면, API 사용자 확인을 위한 Consumer Key와 Secret 값, 그리고 API 접근을 위한 접근 Access

Token과 Secret 값을 발급받을 수 있다.

tweepy는 크게 세 부분으로 구성되어 있다. 트위터에 데이터를 요청하는 부분, 트위터 내용을 정제하는 부분, 그리고 각 부분을 실행하는 부분이다. 먼저 데이터를 요청하는 부분부터 살펴보자. tweepy에서 데이터 요청을 담당하는 클래스는 OAuthHandler와 set_access_token이다. 아래 예제처럼, OAuthHandler에 Consumer Key와 Secret 값을 넣고, set_access_token에 Access Token과 Secret 값을 넣은 후에, 이들 정보를 담은 auth 객체를 API에 넘겨주면 트위터에 접근할 수 있다.

```
auth = OAuthHandler(consumer_key, consumer_secret)
auth.set_access_token(access_token, access_token_secret)
api = tweepy.API(auth)
```

물론 언제나처럼 파이썬 명령어를 담은 스크립트는 패키지를 호출하는 명령어로부터 시작한다. 호출되는 패키지는 트위터 데이터 추출에 필요한 tweepy 패키지를 비롯하여, 데이터 생성 시간을 기록하기 위한 time 패키지, 그리고 Consumer Key 값 등이 보관된 파일을 사용하기 위한 json 패키지가 호출되었다.

```
import tweepy
from tweepy import Stream
from tweepy import OAuthHandler
from tweepy.streaming import StreamListener
import time
import json

# 트위터에 접근하는 부분
with open('twitter_config.json') as f:
    tokens = json.loads(f.read())
```

```
consumer_key = tokens['consumer_key']
consumer_secret = tokens['consumer_secret']
access_token = tokens['access_token']
access_token_secret = tokens['access_token_secret']

auth = OAuthHandler(consumer_key, consumer_secret)
auth.set_access_token(access_token, access_token_secret)
api = tweepy.API(auth)
```

패키지가 호출되고 나면, 트위터 API에 접근하기 위한 여러 가지 값들이 필요하다. 이러한 값들을 외부에 노출하고 싶지 않다면, JSON 형태로 저장하여 필요할 때마다 호출하여 사용할 수도 있다. 반면 외부 노출의 위험이 없다면, 즉 다른 사람에게 보이지 않고 본인만 사용하는 경우라면, 단순히 해당 값들을 입력해도 된다.

내부 정보가 입력된 JSON 파일을 호출하여 사용하는 방법은 다음과 같다. 먼저 Consumer Key 값들이 저장된 파일(twitter_config.json)을 읽어 f로 넘기고, f의 내용을 읽은 후 JSON 형태로 tokens 객체로 옮긴다. JSON 자료는 {키: 값}의 형태로 구성되어 있기 때문에 tokens['consumer_key']를 입력하면, 'consumer_key'의 값이 consumer_key로 이동하게 된다. 같은 맥락에서 tokens['consumer_secret']를 입력하면, 'consumer_secret'의 값이 consumer_secret로 옮겨진다.

두 번째 부분은 트윗 내용을 정제하는 부분이다. 이 부분이 완성되면, 트위터 데이터를 가져오는 프로그램은 사실상 완성된 것과 같다. 왜냐하면 세 번째 실행 부분은 글자 그대로 실행하는 것이기 때문이다.

트윗 내용을 정제하는 부분은 크게 두 가지로 요소로 구성된다. 첫 번째 요소는 데이터가 담긴 data 객체, 그리고 두 번째 요소는 데이터 교환 상태를 표시하는 status 객체이다. 전자는 트위터 데이터의 특정 부분을 추출하고 싶을 때, 후자는 데이터 수신에서 발생하는 오류를 확인할 때 활용할 수 있다.

이러한 과정을 거치는 이유는 웹 브라우저 화면에서 보이는 트윗이 사실상 트위터가 전하는 정보 중 빙산의 일부분이기 때문이다. 〈그림 4.5〉에 제시된 바와 같이 data에는 트윗 생성일시('created_at'), 트윗 작성자 ID('id' 또는 'id_str'), 트윗 내용('text'), 트윗 출처('source'), 프로파일 이미지 출처('profile_background_image_url') 등 다양한 정보가 담겨 있다. 만약 이 트윗을 누군가가 리트윗했다면, 리트윗 상태('retweeted_status') 안에는 트윗과 같은 정보(즉 생성일시, 트위터 ID 등)가 담겨 있다.

{**'created_at'**:'Fri Sep 29 02:18:50 +0000 2017',**'id'**:11111111,'id_str':'913588811111111',**'text'**:'방탄소년단이 벨기에....',**'source'**:'<a href='http:\/\/twitter.com\/download\/android' rel='nofollow'>','profile_background_image_url':'http:\/\/abs.uuu.com\/images',**'retweeted_status'**:{'created_at':'Thu Sep 28 03:00:02 +0000 2017','id':22222222,'id_str':'22222222','text':'친구에서 육성으로 터짐ㅋㅋㅋ https:\/\/t.co\/iXGI2W895g','display_text_range':[0,65],'source':'<a href='http:\/\/twitter.com\/download\/android' rel='nofollow'>Twitter for Android<\/a>', 이하 생략}

〈그림 4.5〉 트윗 data에 담긴 정보

만약 연구자가 아무런 전처리 없이 data에 담겨 있는 정보 모두를 가져온다면, 한 개의 트윗에도 수십 줄의 정보가 포함된 데이터를 받게 된다. 따라서 연구자는 트윗 정보 중 필요한 정보만을 골라 추출할 필요가 있다.

```
# 트위터 내용을 가져오는 부분
class listener(StreamListener):
    def on_data(self, data):
        try:
            data = data.encode('utf-8')
            data = data.decode('unicode_escape')
        try :
            tweet_time = data.split('"created_at":"')[1].split('","id":')[0]
            twitter_id = data.split('"id":')[1].split(',"id_str"')[0]
            tweet_text = data.split('"text":"')[1].split('","source":')[0]

            saveThis = tweet_time+'~'+twitter_id+'~'+tweet_text
            with open('tweet_korea.csv', 'w', encoding='utf-8') as saveFile:
                saveFile.write(saveThis)
                saveFile.write('\n')
            return True
        except BaseException as e:
            print('failed on data', str(e))
    def on_error(self, status):
        print(status)
```

위 예제의 listener 클래스는 StreamListner를 계승한 클래스로서 on_data 함수와 on_error 함수를 갖고 있다. on_data 함수는 data 객체를 활용하여 트윗의 생성일자, 트윗 작성자 ID, 그리고 트윗 내용을 추출할 수 있도록 구성했다. 만약 연구자가 다른 내용, 가령 리트윗 내용을 필요로 한다면, 위 예제를 첨삭하여 요구하는 데이터를 추출할 수 있다.

on_data에는 두 개의 try와 하나의 except 명령구문이 있다. 즉 첫 번째 try나 두 번째 try에 오류가 없으면 해당하는 명령문을 실행하고, 만약 오류가 있으면 멈추지 말고 except에 표현된 오류(예제의 경우, BaseException)를 출력하라는 의미이다.

첫 번째 try는 한글을 인식할 수 있도록 트위터 문자열을 변환하는 명령구문이다. 먼저 data에 담긴 트위터 문자를 encode한 후 'unicode_escape' 처리해 주면, 트위터에서 한글이 제대로 출력된다.

두 번째 try는 필요한 트위터 데이터만을 추출하여 파일에 담는 명령구문이다. 예제의 경우, 〈그림 4.5〉에 있는 트윗 내용 중 트윗이 생성된 시간('created_at'), 트윗 작성자 ID('id'), 트윗 내용('text')만을 추출했다. 추출하는 방식은 다음과 같다.

먼저 트윗 생성시간은 'created_at':'과 ','id': 사이에 놓여 있는 'Fri Sep 29 02:18:50 +0000 2017'이다. 예제의 경우, split 함수를 사용하여 문자열을 'created_at':'과 ','id':를 기준으로 나누었고, 'created_at':'의 뒤에 오는 문자열([1])과 ','id': 앞에 오는 문자열([0])을 가져오게 했다.

같은 방식으로 트윗 작성자 ID('id')와 트윗 내용('text') 데이터를 가져올 수 있다. 예를 들어, 트위터 작성자 ID('id')는 'id':와 ,'id_str' 사이에 있는 '11111111'이다. 따라서 split 함수를 사용하여, 'id':와 ,'id_str'을 기준으로 나눈 후, 'id': 뒤에 오는 문자열과 ,'id_str' 앞에 오는 문자를 가져오게 했다. 마찬가지로 트윗 내용('text')은 'text':'와 ','source': 사이에 놓인 문자열을 가져오면 된다.

이와 같은 방식으로 추출한 문자열은 tweet_time, twitter_id, tweet_text 객체로 각각 옮겨진다. 각 객체는 '~' 표식으로 구분되어 saveThis로 옮겨져 파일에 담길 준비를 하고 있다. 물론 구분 표식(~)은 연구자 임의에 따라 변경할 수 있다.

파일을 저장하는 방식은 예전과 같다. 먼저 파일 이름, 파일 형태, 그리고 인코딩 방식을 설정한다(open('tweet_korea.csv', 'w', encoding='utf-8')). 이렇게 설정된 tweet_korea.csv 파일은 saveFile로 옮겨져, saveThis에 담긴 트윗 내용을 저장한다.

물론 on_data 함수에서 오류가 발생할 수 있다. 이런 경우에 대비하여, on_data 함수에서 오류가 발생할 경우, 현 상태를 프린트하는 on_error 함수를 만들어 오류에 대비하도록 했다. 따라서 on_error에는 listener 클래스에서 발생하는 오류를 출력하라는 명령문만이 담겨 있다.

```
# 실행 부분
twitterStream = Stream(auth, listener())
twitterStream.filter(track = ['한국', '대한민국', '남한'])
```

트위터에서 데이터를 가져오는 프로그램의 마지막 단계는 실행단계이다. 이 단계는 글자 그대로 지금까지 작성한 프로그램들, 즉 클래스 및 함수를 이용하여 프로그램을 실행하는 단계이다. 예를 들어, 앞서 작성한 auth(트위터 접근 권한 정보)와 listener(데이터 처리 클래스)를 담은 Stream 클래스는 트위터에 접근한 후 실시간으로 트윗을 가져오도록 한다. 만약 특정 키워드가 담긴 트윗만을 가져오고 싶을 때는 Stream 함수인 filter를 이용하여 검색을 제한할 수 있다. 예제의 경우, '한국', '대한민국' 또는 '남한'이란 키워드가 담긴 트윗만을 가져오도록 트위터 프로그램을 한정시켰다.

이렇게 해서 트위터 내용을 가져오는 프로그램을 완성했다. 이 프로그램은 트위터에 데이터를 요청하는 부분, 트윗 내용을 정제하는 부분, 그리고 각 부분을 실행하는 부분으로 구성되어 있다. 이 프로그램의 단점은 프로그램 작성에 있어 상당한 시간과 노력이 요구된다는 점이다. 그렇지만 이 프로그램의 장점은 누군가 프로그램을 작성했다면, 추가 노력이 거의 들지 않는다는 점이다. 가령 본 서의 부록으로 첨부된 예제

프로그램을 편집기인 PyCharm에 복사하여 붙여 놓은 다음 실행해 보자. 트위터 접근 권한인 auth만 잘 설정되어 있다면, 별다른 추가 노력 없이 여러분은 트위터 내용을 실시간으로 가져올 수 있을 것이다.

제4절 통계청 API를 이용한 데이터 추출

정부는 일반인에게 공공 데이터를 개방하고자 노력하고 있다. 대표적으로 공공데이터포털(https://www.data.go.kr)은 각종 정부기관에서 생성되는 데이터를 한곳에 모아 검색과 다운로드가 가능하도록 제공하고 있다. 그렇지만 이러한 데이터는 각 기관의 양식에 따라 각기 생성되기 때문에 데이터 간 연동성이 떨어지는 문제가 있다. 더욱 문제인 점은 연구자가 필요로 하는 데이터가 해당 기관의 자체 사이트에는 있지만 공공데이터포털 사이트에는 제공되지 않는 경우가 종종 있다는 것이다.

물론 이러한 경우에 대비하여 공공데이터포털은 각 기관의 데이터를 손쉽게 사용할 수 있는 API를 제공하고 있다. 그렇지만 공공데이터포털이 제공하는 API 개수가 2,488건(2017년 12월 13일 검색 기준)에 달하는 상황이라 이들 API가 모두 효율적으로 관리되고 업데이트되지 않는다. 나아가 공공데이터포털 API는 해당 기관이 생성하는 모든 데이터를 활용할 수 있는 API가 아닌 해당 기관이 제공한 특정 데이터에 관한 API이기 때문에 활용도가 낮다.

따라서 정부기관 각각이 제공하는 API를 활용하는 것이 보다 효율적이지 않나 생각된다. 다행인 점은 거의 모든 정부기관이 API를 제공하고 있다는 것이다. 따라서 해당 기관의 API 사용법을 숙지하고 있다면, 그 기관이 제공하는 데이터를 손쉽게 활용할 수 있게 된다.

본 서는 다양한 정부기관 중 통계청 API를 소개하고자 한다. 통계청 데이터는 많은 연구자들이 사용하는 데이터이며, 후술하는 바와 같이 매우 단순한 방식으로 데이터를 가져올 수 있다. 다만 아쉬운 점은 필요로 하는 데이터의 출처를 찾는 것이 어렵다는, 즉 사용자 편의성이 떨어진다는 것이다.

통계청 데이터는 국가통계포털을 통해 제공되고 있다. 국가통계포털 API 사용법은 Open API 사이트(https://kosis.kr/openapi)에 제시되어 있다. 회원가입과 로그인을 통해 국가통계포털 Open API에 접근하여, '통계자료' 메뉴를 클릭하면 '활용신청'을 할 수 있다. 활용신청은 별도의 절차 없이 자동으로 신청되며, 자동적으로 '신청현황' 페이지로 이동한다.

추출하는 데이터는 대구광역시의 읍면동별 연령대 거주자 수이다. 추출할 데이터의 출처는 다음과 같은 방식으로 검색할 수 있다. 먼저 신청현황 페이지 하단에 있는 '통계표선택' 버튼을 클릭하면, 데이터를 검색할 수 있는 창이 〈그림 4.6〉과 같이 제공된다. 예제의 경우, 대구광역시의 읍면동별 연령별 인구수에 대한 데이터이기 때문에, 〈그림 4.6〉에서 작성기관에 '대구광역시' 그리고 통계조사명에 '주민등록인구통계'를 기입했다. 이후 검색 버튼을 누르면, 〈그림 4.6〉의 하단과 같은 검색결과가 제시된다. 읍면동별 주민등록인구는 2005~2009년, 2010년, 2011년 등 각 연도별 자료로 제시되어 있다. 예제는 2005~2009년의 경우를 통해 읍면동 연령별 인구수를 가져오는 방법을 설명하고 있다.

〈그림 4.6〉 2005~2009년 대구광역시 읍면동 연령별 인구수

〈그림 4.6〉 오른쪽의 '선택' 버튼을 클릭하면, URL 생성을 위한 조건이 나열된다. 이 페이지에서 요구하는 분류와 항목을 클릭하면, 하단에 웹 스크랩핑을 위한 URL이 생성된다. 예제의 경우, '행정구역(동읍면)별'에서 전체 선택, '연령별'에서 전체 선택 그리고 '항목'에서 '계'를 선택했다. 출력형태 설정에서는 JSON 포맷을 선택한 후, 'URL보기'를 클릭했다.[44]

44 통계청의 경우 사용자 인증키는 자동으로 생성되어 URL에 반영되기 때문에 사용자 인증키에 대한 별도의 명령문이 필요하지 않는다.

URL이 생성된 후의 작업은 단순하다. 언제나처럼 스크립트의 첫 번째 줄은 사용할 패키지를 호출하는 데서 시작한다. 예제의 경우, 서버에 데이터를 요청하는 requests 패키지와 국가통계포털 데이터에 적합한 json 패키지가 호출되었다.

```
import requests
import json

# 2005-2009 대구광역시 읍면동 연령별 인구수
url ='http://kosis.kr/openapi/…'
req = requests.get(url)

json_file = json.loads(req.text)
for row in json_file:
  print('시기 : {0}, 행정구역별 : {1}, 연령별 : {2}, \
    계 : {3}'.format(row['PRD_DE'], row['C1_NM'], \
    row['C2_NM'], row['DT']))
```

위 예제는 국가통계포털에 데이터를 요청한 후, 이를 JSON으로 담아 출력하는 작업으로 구성되어 있다. 먼저 〈그림 4.6〉을 통해 생성된 URL을 담을 객체 url을 생성했다. 이후 get 함수를 이용하여 url의 데이터를 요청하면, 그 결과는 req 객체에 담긴다. 그리고 req에서 텍스트만을 선별하여 JSON 형태로 옮기고(json.loads(req.text)), 그 결과물을 json_file로 옮겼다.

이제 json_file에 담긴 데이터를 하나씩 출력해 보자. 주지하다시피, for 구문은 같은 동작을 반복적으로 작업하는 데 유용하다. for 구문을 이용하여, json_file에 담긴 데이터를 하나씩 추출하여 print 명령문을 실행했다. print 명령문은 '시기 : ' 단어 뒤에 format의 첫 번째 요소를, '행정구역별 : '에 format의 두 번째 요소를, '연령별 : '에 format의 세 번째 요소를, 그리고 '계 : '에 format의 네 번째 요소를 놓으라는 명령문이다. format의 각 요소는 req에 담긴 키이다. 즉 'PRD_DE' 키에는 데이터 연도 값이 담겨 있으며, 'C1_NM' 키에는 읍면동 이름 값이 담겨 있다. 또한 'C2_NM' 키에는 연령별 정보가 담겨 있고, 'DT' 키에는 명수 정보가 담겨 있다. 이와 같은 스크립트의 결과물은 〈그림 4.7〉과 같다.

```
시기 : 200901, 행정구역별 : 구지면, 연령별 : 0~4세, 계 : 96
시기 : 200901, 행정구역별 : 구지면, 연령별 : 0 세, 계 : 19
시기 : 200901, 행정구역별 : 구지면, 연령별 : 1 세, 계 : 15
시기 : 200901, 행정구역별 : 구지면, 연령별 : 2 세, 계 : 22
시기 : 200901, 행정구역별 : 구지면, 연령별 : 3 세, 계 : 26
시기 : 200901, 행정구역별 : 구지면, 연령별 : 4 세, 계 : 14
...
```

〈그림 4.7〉 통계청 API 활용 결과물

〈그림 4.7〉은 2005년부터 2009년까지 대구광역시 읍면동 연령별 인구 정보의 일부분이다. 이와 같은 연령별 정보는 각 연령에 대한 데이터, 그리고 0~4세, 5~9세 등 5년 단위의 데이터 등이 존재한다. 이러한 연령별 정보는 17개 시도 모두에 존재하기 때문에 단 몇 줄의 명령문으로 모든 시도의 읍면동 연령별 인구수를 취합할 수 있다.

부록 4.1 네이버 API를 통한 신문기사 데이터 추출

```
import requests
import json

# 데이터 요청
Client_ID ='aaaaaaa'
Client_Secret = 'bbbbbbb'

url = 'https://openapi.naver.com/v1/search/news.json?query=경북대학교'
headers = {
    'X-Naver-Client-Id': Client_ID,
    'X-Naver-Client-Secret': Client_Secret,
        }
req = requests.get(url, headers=headers)

# 데이터 출력
json_data = json.loads(req.text)

for data in json_data['items']:
    print('기사제목: {0}, 기사링그: {1}, 기시내용: {2}, 기사일자: {3}'.\
    format(data['title'], data['originallink'], data['description'],\
    data['pubDate']))
```

부록 4.2 tweepy를 통한 트위터 데이터 추출

```
import tweepy
from tweepy import Stream
from tweepy import OAuthHandler
from tweepy.streaming import StreamListener
import time
import json

# 트위터에 접근하는 부분
with open('twitter_config.json') as f:
    tokens = json.loads(f.read())

consumer_key = tokens['consumer_key']
consumer_secret = tokens['consumer_secret']
access_token = tokens['access_token']
access_token_secret = tokens['access_token_secret']

auth = OAuthHandler(consumer_key, consumer_secret)
auth.set_access_token(access_token, access_token_secret)
api = tweepy.API(auth)

# 트위터 내용을 가져오는 부분
class listener(StreamListener):
    def on_data(self, data):
        try:
            data = data.encode('utf-8')
            data = data.decode('unicode_escape') # decode로 unicode_escape
            # 출처: http://proinlab.com/archives/1562
        try :
            tweet_time = data.split('"created_at':'")[1].split('",'id':')[0]
            twitter_id = data.split('"id':')[1].split(','id_str'")[0]
            tweet_text = data.split('"text':'")[1].split('",'source':')[0]

            saveThis = tweet_time+'~'+twitter_id+'~'+tweet_text
            with open('tweet_korea.csv', 'w', encoding='utf-8') as saveFile:
                saveFile.write(saveThis)
                saveFile.write('\n')
            return True
        except BaseException as e:
            print('failed on data', str(e))
    def on_error(self, status):
        print(status)

# 실행 부분
twitterStream = Stream(auth, listener())
twitterStream.filter(track = ['한국', '대한민국', '남한'])
```

제5장

빅데이터 시각화와 분석

Python for Political Science

제5장 빅데이터 시각화와 분석

빅데이터는 우리에게 다양한 정보를 말해 준다. 시민들이 어떤 생각을 하는지, 그런 생각들이 다른 생각과 어떻게 연관되는지, 그리고 그런 생각들이 어떻게 변화하는지 등 다양한 정보가 빅데이터 안에 담겨 있다. 이를 적절히 분석할 수 있는 도구를 가질 때, 연구자는 빅데이터로부터 다양한 정보를 추출할 수 있게 된다. 본 장에서는 이러한 도구 중 몇 가지 기본 도구를 소개하고자 한다.

제1절 한글 형태소 분석

정치 영역에서의 데이터는 다양한 양적 자료와 질적 자료로 구성되어 있다. 양적 자료의 경우 이미 다양한 통계적 기법을 통해 활발한 연구가 진행되고 있다. 그렇지만 질적 자료의 경우 수집과 분석에 소요되는 시간과 비용이 크기 때문에 연구가 비교적 더디게 진행되는 아쉬움이 있다. 간혹 한글 문서에 대한 분석, 예를 들어 신문기사에 대한 의미망 분석(박한우 2004, 남인용·박한우 2007), 대통령 연설문에 대한 분석(허재영·엄기홍 2012) 등과 같은 연구가 있으나 상당히 제약이 따른다. 본서는 이러한 질적 연구의 어려움을 해소하는 데 기여하리라 본다.

본 서에서 소개된 웹 스크랩핑, API 기법 등을 통해 수집되는 대부분의 자료는 질적 자료이다. 예를 들어, 본 서에서 소개된 방법을 통하여 국회, 네이버, 트위터, 페이스북, 구글 등 다양한 출처로부터 다양한 한글 자료를 추출할 수 있다. 물론 선거관리위원회, 통계청 등으로부터 추출되는 자료는 양적 자료가 많지만, 다른 정부기관 또는 소셜네트워크로부터 추출되는 자료는 대부분 한글로 작성된 질적 자료이다.

한글로 작성된 질적 자료를 분석하기 위해서는 먼저 형태소에 대한 이해가 필요하다.[45] 형태소란 의미를 가지는 최소 단위로서 정의된다. 가령 '홍길동이 화장실에 간다'란 문장의 경우, 이 문장에서 의미를 가지는 최소 단위는 '홍길동', '화장실'이란 명사, '간다'란 동사, '이', '에'란 조사이다. 만약 '홍길동'이란 명사를 홍, 길, 동으로 나누면, '홍길동'이란 사람을 지칭하는 의미가 사라지기 때문이다.

형태소 분석을 통해 추출된 단어에 대해서는 다양한 분석이 가능하다. 예를 들어, 단어의 빈도수를 기준으로 단어를 시각화는 워드클라우드(Word Cloud), 단어들 간의 관계를 분석하는 의미망 분석(Semantic Analysis), 문서의 주제를 추출하는 토픽모델링(Topic Modeling), 문서를 범주화하는 딥러닝 기법(예를 들어, Convolutional Neural Network) 등 다양한 분석방법이 활용될 수 있다.

파이썬에는 다양한 형태소 분석 도구를 하나로 모은 패키지가 존재한다. 박은정 등에 의해 개발된 KoNLPy 패키지에는 KAIST의 Hannaum, 서울대학교 지능형 데이터 시스템 연구실의 Kkma, Shineware의 Komoran, 일본 형태소 분석기를 수정한 은전한닢 프로젝트의

---

45 형태소 분석에 보다 자세한 설명은 강승식(2002)을 참조.

Mecab[46] 등이 탑재되어 있다(박은정·조성준 2014; 박은정 2017). 연구자는 KoNLPy 패키지에 탑재된 다양한 형태소 분석기 중 자신의 환경에 적합한 분석기를 사용하여 형태소 분석을 실시할 수 있다.[47] 다음은 KoNLPy에 탑재된 Kkma를 사용한 예시이다(박은정·조성준 2014, 3쪽의 예시를 일부 수정했음).[48]

```
from konlpy.tag import Kkma

kkma = Kkma()
print(kkma.pos('한국어 형태소 분석은 재밌습니다'))

[('한국어', 'NNG'), ('형태소', 'NNG'), ('분석', 'NNG'), ('은', 'JX'), ('재밌', 'VA'), ('습니다', 'EFN')]
```

언제나처럼 스크립트의 첫 줄은 사용할 패키지를 가져오는 명령문으로 시작한다. 예제는 KoNLPy의 Kkma를 사용하기 때문에, from konlpy.tag import Kkma이란 명령문으로 시작했다.

이제 형태소 분석을 해 보자. 형태소 분석의 대상은 '한국어 형태소 분석은 재밌습니다'란 문장이다. 먼저 Kkma 속성을 사용하기 위하여

46 Mecab 형태소 분석기는 윈도우 환경에서 지원되지 않는다.

47 형태소 분석기 패키지로서 KoNLPy 외에도 KoalaNLP, korean, UMorpheme 등 다양한 패키지가 파이썬 라이브러리에 존재한다. KoNLPy에 대한 패키지 설치 방식은 다른 패키지와 동일하다. 보다 자세한 내용은 KoNLPy 공식 홈페이지(http://konlpy.org, 방문일: 2017년 3월 20일)를 참조.

48 KoNLPy는 Java를 활용한 패키지이다. 따라서 사용하는 컴퓨터에 Java와 JPype1 파일이 설치되어 있지 않을 경우 오류가 발생한다. 이에 대한 해결방법은 KoNLPy 사이트에 제시되어 있다(http://konlpy.org/ko/v0.4.3/install/, 방문일: 2017년 10월 25일). 본 서의 경우, 다음과 같은 방식으로 Java와 JPype1을 설치했다. 먼저 Java의 윈도우 버전, Java SE Development Kit 9.0.1을 Java 사이트에서 다운로드받아 설치했다(http://java.sun.com/javase/downloads/index.jsp, 방문일: 2017년 10월 25일). 이후 윈도우 환경변수 설정 화면의 Path에 Java가 위치한 곳을 지정하고, JAVA_HOME 경로를 설정했다(구체적인 방법은 http://cwj3688.blogspot.kr/2013/11/path-javahome.html 참조, 방문일: 2017년 10월 25일). 이후 JPype1을 다운로드하고, 다운로드된 폴더에서 JPype1을 설치했다(다운로드 사이트: http://www.lfd.uci.edu/~gohlke/pythonlibs/#jpype, 설치 명령어: python -m pip install JPype1-0.6.2-cp36-cp36m-win32.whl, 방문일: 2017년 10월 25일). 끝으로 KoNLPy를 설치했다(pip3 install konlpy).

Kkma를 계승한 kkma를 생성했다. 그리고 kkma의 품사 분류 기능을 갖고 있는 pos 함수를 사용하여, 해당 문자의 품사 유형을 구분했다. 이후 kkma.pos('한국어 형태소 분석은 재밌습니다')를 프린트하면, NNG, JX 등 다양한 품사 유형이 구분되어 출력된다.

사용하는 형태소 분석기에 따라 다소간 차이는 있지만,[49] 일반적으로 알파벳의 첫 번째 철자가 N일 경우 명사, J일 경우 조사, V일 경우 동사 또는 형용사, E일 경우 어미에 해당된다. 예를 들어, '한국어'는 명사인 'NNG'로, '은'은 조사인 'JX'로, '재밌'은 형용사인 'VA'로, 그리고 '습니다'는 종결형 어미인 'EFN'로 분류된다.[50]

형태소 분석 이후에는 다양한 분석이 가능하다. 예를 들어, 각 형태소의 빈도를 찾아보자. 빈도를 계산하기 위해서는 collections의 Counter 클래스가 필요하다.

```
from collections import Counter

pos = kkma.pos('한국어 형태소 분석은 재밌습니다')
count = Counter(pos)
print(count)
{('한국어', 'NNG'): 1, ('형태소', 'NNG'): 1, ('분석', 'NNG'): 1, ('은', 'JX'): 1, ('재밌',
'VA'): 1, ('습니다', 'EFN'): 1}
```

예상한 바와 같이, '한국어 형태소 분석은 재밌습니다'라는 문장에는 '한국어'란 형태소가 1번, '형태소'란 형태소가 1번, '분석'이란 형태소가 1번, '은'이란 형태소가 1번, '재밌'이란 형태소가 1번, 그리고 '습니다'란

49 형태소 분석기별 품사 비교는 KoNLPy 형태소 분석 및 품사 태깅 페이지(http://konlpy.readthedocs.io/ko/v0.4.0/morph/#pos-tagging-with-konlpy)의 '한국어 품사 태그 비교표' 링크를 참조.

50 Kkma 품사 태그표는 꼬꼬마 프로젝트 페이지(http://kkma.snu.ac.kr/documents/index.jsp?doc=postag, 방문일: 2017년 11월 2일)를 참조.

형태소가 1번 등장했다.

이번에는 조금 더 긴 문장인 김광석의 「서른 즈음에」 가사를 예제로 들어 형태소 분석을 실시해 보자. 사용하는 명령어는 전과 유사하지만, 분석하는 문장이 '한국어 형태소 분석은 재밌습니다'와 같은 단문이 아니라 여러 개의 단문들로 구성되어 있다는 점에서 차이가 있다. 김광석의 「서른 즈음에」 가사는 쉽게 찾을 수 있으리라 기대한다. 사용한 스크립트는 다음과 같다.

```
from konlpy.tag import Kkma
from collections import Counter

with open('thirties.txt', encoding='utf-8') as file:
   text = file.read()

kkma = Kkma()

nouns = kkma.nouns(text)
print(nouns)
count = Counter(nouns)
print(count.most_common(5))
```

이번 예제는 앞서 소개한 예제와 몇 가지 점에서 차이가 있다. 첫째, 문장 대신 파일을 불러온다는 점, 둘째, 형태소 전체를 추출하지 않고 명사만 추출했다는 점, 그리고 셋째, 추출한 명사 중 가장 빈도가 높은 단어 5개만을 출력했다는 점 등이다.

파일을 불러오는 방식은 앞서 소개한 바 있다. 파일을 불러오는 명령문인 with open의 첫 번째 요소에는 불러올 파일명을 기입하고, 두 번째 요소에는 파일의 인코딩 방식을 지정한다.[51] 불러온 파일은 file로

51 인코딩 방식을 지정하는 데 있어 윈도우 환경과 맥 환경에는 차이가 있다. 맥 환경에서는 utf-8이 기본 인코딩 방식이기 때문에 별도의 지정이 필요하지 않으나, 한글 윈도우는 기본 인코딩이 cp949

옮겨지고, 다음 줄에서 file의 내용을 읽어 text 객체로 옮겨진다.

다음 단계는 형태소 분석기를 호출하여 문서를 분석하는 과정이다. 앞서 예제와 같이 형태소 분석기는 Kkma를 사용했다. Kkma 속성을 활용하기 위하여, Kkma를 계승한 kkma를 생성했다. 이후 text에 담긴 문서에서 명사만 추출하여, 그 결과를 nouns 객체로 옮겼다. 명사를 담은 nouns를 출력하면 다음과 같다.

```
nouns = kkma.nouns(text)
print(nouns)
['서른', '서른즈음', '즈음', '하루', '내', '담배', '연기', '작', '작기만', '기만', '내', '기억', '속', '무', '무얼', '얼', '청춘', '줄', '데', '가슴', '수', '계절', '간', '사랑', '어디', '내가', '조금', '이별', '나']
```

여기서 한 가지 유념할 점은 Kkma를 통한 형태소 분석이 반드시 최적의 분석결과를 제공하지는 않는다는 것이다. Kkma가 명사를 추출하고 있기는 하나, 명사가 아닌 형태소 역시 명사로 간주되고 있다는 것을 발견할 수 있다. 즉 Kkma가 '서른', '하루' 등 명사에 해당하는 형태소를 적절히 추출하고 있기는 하나, '즈음', '작', '작기만' 등과 같이 명사가 아닌 형태소도 추출하고 있다.[52] 따라서 연구자는 다양한 형태소 분석기 중 분석되는 문서에 적합한 형태소 분석기를 선택할 필요가 있다.

끝으로 「서른 즈음에」 가사에서 가장 많이 사용된 명사 5개를 추출해 보자. 먼저 형태소의 빈도수를 세는 Counter 함수를 이용하여 nouns를 count로 옮겼다. 이후 가장 많이 언급된 단어를 추출하는

이기 때문에 utf-8로 지정해야 한다.

52 형태소 분석기의 경우, 명사(nouns)에는 보통명사, 고유명사, 일반 의존명사, 단위 의존명사, 수사 그리고 대명사가 포함된다('한국어 품사 태그 비교표', 방문일: 2017년 11월 8일).

most_common 함수를 이용하여, 상위 5개 단어를 추출하도록 했다. 그 결과는 다음과 같다.

```
count = Counter(nouns)
print(count.most_common(5))
[('내', 3), ('서른', 1), ('서른즈음', 1), ('즈음', 1), ('하루', 1)]
```

예상한 바와 같이, 가장 많이 언급된 명사 단어는 '내'로, 총 3번 언급되었다. 다른 단어들, 즉 '서른', '서른즈음', '즈음', '하루'는 한 번씩 언급되었다.

형태소 분석은 앞서 예제들처럼 간단한 문장이나 짧은 문서뿐 아니라, 다양한 장문과 여러 개의 문서에서도 사용될 수 있다. 예를 들어 국회 법안, 상임위원회 회의록, 인사청문회 회의록, 정당의 매니페스토, 후보자 연설문 등 다양한 장문에서도 사용될 수 있다. 또한 수십만 개의 단문으로 구성된 데이터, 즉 트위터, 페이스북, 블로그 등의 분석에도 활용될 수 있다.

예를 들어 국회 발의안을 분석해 보자. 예제로 사용되는 국회 발의안은 2010년 정의화 의원이 대표 발의한 「국가공무원법 일부개정법률안」이며, KoNLPy 패키지에 내장되어 있다. 발의안에 있는 단어 중 가장 많이 언급된 명사 5개를 추출하는 것이 예제의 목적이다. 이번예제에서는 형태소 분석기 중 Twitter 형태소 분석기를 사용한다.[53]

53 Twitter 형태소 분석기는 트위터에서 만든 오픈소스 한국어 분석기이다. 2017년 이후부터는 https://openkoreantext.org/에서 개발을 진행하고 있다(https://github.com/twitter/twitter-korean-text, 방문일: 2017년 11월 10일).

```
from konlpy.tag import Twitter
from konlpy.corpus import kobill
from collections import Counter

text = kobill.open('1809891.txt').read()
print(text)

t = Twitter()
nouns = t.nouns(text)
count = Counter(nouns)
print(count.most_common(5))
```

언제나처럼 스크립트는 사용할 패키지를 호출하는 것으로부터 시작한다. 먼저 KoNLPy에 내장된 Twitter 형태소 분석기를 호출했다. 분석할 문서인 「국가공무원법 일부개정법률안」은 KoNLPy에 내장되어 있기 때문에 이를 불러들일 수 있는 함수인 kobill을 호출했다. 끝으로 최대 빈도 단어 5개를 추출하기 위하여, collections 패키지의 Counter도 호출했다.

kobill에는 팀포퐁에 의하여 취합된 다양한 의회 정보들이 담겨 있다.[54] kobill에 담긴 문서들은 kobill.fileids를 통하여 확인할 수 있다. 「국가공무원법 일부개정법률안」의 파일명은 '1809891.txt'이며, open('1809891.txt')을 통해 불러들일 수 있다. 불러들인 문서는 read를 통해 문서의 내용이 읽힌 후, text 객체로 옮겨진다. print(text)를 이용하여 text로 옮겨진 내용을 확인할 수 있으나, 지면 제약상 본문에는 게재하지 않았다.

이후의 과정은 앞의 예제와 같다. Twitter 형태소 분석기의 속성을 계승한 t를 생성한 후, 명사를 추출하는 함수인 nouns를 활용해 text에

54 팀포퐁 사이트에는 의안 정보, 인물 정보, 정당 정보 등 다양한 정보들이 웹 스크랩핑을 통해 취합되고 있었다(http://pokr.kr/, 방문일: 2017년 11월 10일). 또한 이 사이트에는 웹 스크랩핑 소스코드를 포함한 다양한 프로그램들이 오픈소스로 공개되고 있다.

담긴 단어 중 명사를 추출하였다. 추출된 명사를 담은 nouns는 빈도를 분석하기 위해 Counter 함수에 담겨 count로 옮겨졌다. 마지막 명령어인 most_common은 count에 담긴 명사들 중 빈도수 상위 5개를 출력한다. 그 결과는 다음과 같다.

```
print(count.most_common(5))
[('육아휴직', 38), ('만', 19), ('이하', 18), ('비용', 17), ('액', 17)]
```

위 결과를 통해 「국가공무원법 일부개정법률안」의 최다 빈도 단어는 '육아휴직'이며, 총 38번 등장함을 알 수 있다. '육아휴직'에 이어 '만'이 19번, '이하'가 18번, '비용'이 17번, 그리고 '액'이 17번 나타났다. 이러한 분석은 각 문서에서 어떤 단어가 비중 있게 쓰이고 있는지를 파악하는 데 도움을 준다. 그렇지만 상위 몇 개의 단어가 아닌, 수십 개의 상위 단어를 파악하는 데는 한계가 있다. 이럴 때 사용할 수 있는 시각화 도구 중 하나가 워드클라우드 시각화 기법이다.

제2절 워드클라우드 시각화

문자를 단지 나열하거나 빈도수를 파악하는 방식 외에도 다양한 방식으로 텍스트를 분석할 수 있다. 예를 들어, 단어의 빈도수에 따라 글자 크기를 달리하여 시각화하는 워드클라우드(Word Cloud),[55] 단어와 단어 간의 관계를 시각화하는 의미망 분석(Semantic Analysis),[56] 문장

55 대표적 예로서 안드레아스 뮐러(Andreas Mueller)의 GitHub(https://github.com/amueller/word_cloud, 방문일: 2017년 11월 10일)가 있음.

56 대표적 예로서 세라 가이도(Sarah Guido)와 서리아 라(Celia La)의 유튜브 동영상(https://youtu.be/6Lauxn9oTt4, 방문일: 2017년 11월 10일)이 있음.

과 문서를 범주화하는 머신러닝(Machine Learning) 기법과 딥러닝(Deep Learning) 기법 등이 있다.[57]

이와 같은 분석 기법 중 본 절에서는 워드클라우드 시각화 기법을 소개하고자 한다. 워드클라우드 시각화란 글자 그대로 단어를 모아 그림으로 표현해 주는 기법인데, 단어의 빈도수에 따라 글자 크기가 달라진다. 즉 빈도수가 높은 글자일수록 크게 시각화되어, 어떤 단어가 중요한 단어인지를 직관적으로 보여 준다. 선택할 수 있는 단어는 명사, 동사, 형용사 등 다양하나, 일반적으로 명사를 추출하여 시각화한다. 〈그림 5.1〉은 2014년 대통령 연두 국정연설문을 시각화한 워드클라우드이다(이준환 2015).

〈그림 5.1〉 2014년 대통령 연두 국정연설 워드클라우드
출처: 이준환(2015), 43쪽.

57 대표적 예로서 안드레아스 뮐러·세라 가이도(2017), 김성훈의 동영상(http://hunkim.github.io/ml/, 방문일: 2017년 11월 10일)이 있음. 특히 합성곱 신경망(convolutional neural network)을 이용한 텍스트 범주화는 박상길의 사이트(http://docs.likejazz.com/cnn-text-classification-tf/, 방문일: 2017년 11월 10일)와 조휘열·김진화·윤상웅·김경민·장병탁(2015)을 참조.

〈그림 5.1〉을 볼 때, 2014년 대통령 연두 국정연설문의 주요 단어는 '경제'란 것이 명확하다. 그 뒤를 '창조', '여성', '세계', '여러분', '해' 등이 잇고 있어 이 단어들이 중요한 단어인 것을 알 수 있다. 이와 같이 워드클라우드는 문서의 단어 빈도수를 기준으로 단어들을 시각화하는 방식으로, 문서에서 중요하게 다루어진 단어들을 직관적으로 보여 주는 장점을 지니고 있나.

앞 절에서는 다룬 「서른 즈음에」와 「국가공무원법 일부개정법률안」을 대상으로 워드클라우드를 그려 보자. 워드클라우드를 위한 명령문은 앞서 다룬 예제에 몇 개의 명령문이 추가되는 단순한 작업이다. 예제의 다양함을 위하여, 「서른 즈음에」 워드클라우드에 사용할 형태소 분석기로는 Kkma 대신 Twitter를 사용해 보자.

```
from konlpy.tag import Twitter
from collections import Counter

with open('thirties.txt', encoding='utf-8') as file:
    text = file.read()

t = Twitter()
nouns = t.nouns(text)
count = Counter(nouns)
print(count.most_common(5))

import pytagcloud

tag = count.most_common(100)
taglist = pytagcloud.make_tags(tag, maxsize=150)

pytagcloud.create_tag_image(taglist, 'thirties.png', size=(800,\
  450), fontname='NotoSansCJKkr-DemiLight', rectangular=False)
```

사실 print(count.most_common(5))까지는 앞의 예제에서 이미 설명한 부분이다. 즉 사용할 패키지들을 호출한 후, 가사가 담긴 파일을 불러들여 text로 옮긴다. 사용할 형태소 분석기, Twitter의 속성을 계승한 t를 생성한 후, 명사만 추출하여 가장 빈도가 높은 다섯 개 명사를 추출하는 과정은 앞서와 같다.

```
import pytagcloud

tag = count.most_common(100)
taglist = pytagcloud.make_tags(tag, maxsize=150)

pytagcloud.create_tag_image(taglist, 'thirties.png', size=(800, 450),\
  fontname='NotoSansCJKkr-DemiLight', rectangular=False)
```

워드클라우드 시각화에 대한 명령문은 그 이후부터이다. 먼저 사용할 패키지 pytagcloud를 호출한 후,[58] 시각화할 단어의 개수를 지정한다. 예제의 경우 가장 빈도가 높은 100개 단어를 선택하였으나, 연구자의 필요와 선택에 따라 단어의 개수는 바꿀 수 있다. 선택된 단어들은 tag 객체로 옮겨진다.

make_tags 함수를 이용하면, 시각화될 단어의 색깔, 크기 등을 지정할 수 있다. 일반적으로 make_tags의 첫 번째 요소에는 태그될 단어가, 두 번째 요소에는 단어의 크기가 지정된다(예제의 경우, tag와 maxsize=150). 물론 단어 각각의 속성을 지정할 수도 있다. taglist를 출력하면, 각 단어의 속성들이 다음과 같음을 알 수 있다. 이와 같은 기능을 이용해 각 단어에 대한 'color', 'size', 'tag' 등을 개별적으로 지정

58 pytagcloud를 이용하기 위해서는 pygame과 simplejson을 사전에 설치되어야 한다. 설치방식은 다른 패키지 설치 방식과 같다.

할 수 있다.

```
taglist = pytagcloud.make_tags(tag, maxsize=150)
taglist

[{'color': (62, 82, 117), 'size': 86, 'tag': '내'},
{'color': (86, 63, 29), 'size': 65, 'tag': '간다'},
{'color': (50, 53, 183), 'size': 58, 'tag': '것'},
{'color': (207, 11, 202), 'size': 51, 'tag': '살'}, ...]
```

이제 태그된 단어를 대상으로 워드클라우드 이미지를 생성하고 저장하겠다. 워드클라우드 이미지의 생성과 저장은 create_tag_image 함수를 통해 이루어진다. create_tag_image의 첫 번째 요소에는 태그된 단어, 두 번째 요소에는 저장될 파일 이름, 세 번째 요소에는 이미지 크기, 네 번째 요소에는 글꼴 종류, 다섯 번째에는 워드클라우드를 사각형 또는 원형으로 할지 결정하는 요소 등이 놓이게 된다. 예제의 경우, 태그된 단어 목록은 taglist, 파일 이름은 'thirties.png', 이미지 크기는 size=(800, 450), 글꼴 종류는 fontname='NotoSansCJKkr-DemiLight', 워드클라우드 형태는 원형(rectangular=False)으로 설정하였다.[59] 워드클라우드 시각화의 결과는 〈그림 5.2〉와 같다.

---

59 한글의 경우 기본 글꼴을 사용하여 이미지를 생성하면, 한글이 깨지는 문제가 있다. 이와 같은 문제는 한글이 깨지지 않는 글꼴을 사용하면 해결된다. 한글 글꼴을 설정하는 방법은 다음과 같다. 첫째, 깨지지 않는 글꼴을 다운로드한다. 예를 들어, 구글이 개발한 NotoSansCJKkr-DemiLight 글꼴의 경우 한글이 깨지지 않는다(https://www.google.com/get/noto/, 방문일: 2017년 11월 9일). 둘째, 다운로드한 글꼴을 파이썬이 인식할 수 있는 경로에 추가한다. 본 서의 경우, 다운로드한 글꼴을 윈도우의 경우 C:\Users\사용자명\AppData\Roaming\Python\Python36\site-packages\pytagcloud\fonts에 추가했으며, 맥의 경우 /Library/Frameworks/Python.framework/Versions/3.6/lib/python3.6/site-packages/pytagcloud/fonts/에 추가하였다. 끝으로 추가된 경로에 위치한 fonts.json을 연 후 폰트 항목을 생성한다. 이와 같은 설치가 끝난 후, fontname='NotoSansCJKkr-DemiLight'를 설정하면 한글이 깨지지 않은 워드클라우드 이미지를 생성할 수 있다.

〈그림 5.2〉「서른 즈음에」 워드클라우드

〈그림 5.2〉를 보면, 「서른 즈음에」 가사에서 가장 두드러진 단어는 '내', '간다', '것', '이별', '매일' 등이라는 것을 알 수 있다. 우리가 「서른 즈음에」를 들을 때 '매일 이별하고 있는 나'라는 표현에 특히 공감하곤 하는데, 가사의 빈도 분석을 통해서도 이를 발견할 수 있다.

이제 장문의 문서를 대상으로 워드클라우드 시각화를 시도해 보자. 예제는 앞서 사용한 「국가공무원법 일부개정법률안」이다. 이 법률안은 총 11쪽으로 공무원의 육아휴직 가능 대상을 만 8세 이하로 개정하는 내용을 담고 있다. 앞서 분석된 바와 같이, 이 문서에는 '육아휴직'이 38번, '만'이 19번, '이하'가 18번, '비용'이 17번, '액'이 17번 언급되었다. 따라서 이러한 단어들이 크게 부각된 워드클라우드 그림을 예상할 수 있다.

앞의 「국가공무원법 일부개정법률안」 예제와의 차이점은 시각화 대상이 상위 5개 단어에서 100개 단어로 바뀐다는 점, 그리고 이에 대한 워드클라우드를 그린다는 점이다. 이에 따라 추가되는 명령어는 워드 클라우드를 그리는 명령문 세 줄이다.

```
from konlpy.tag import Twitter
from collections import Counter
from konlpy.corpus import kobill
import pytagcloud

text = kobill.open('1809891.txt').read()
t = Twitter()
nouns = t.nouns(text)
count = Counter(nouns)

tag = count.most_common(100)
taglist = pytagcloud.make_tags(tag, maxsize=120)
pytagcloud.create_tag_image(taglist, '1809891.png', size=(1000, \
  600), fontname='NotoSansCJKkr-DemiLight', rectangular=False)
```

스크립트상의 count = Counter(nouns)까지는 제1절 예제와 같다. 즉 사용할 패키지들을 호출하고, KoNLPy에 담긴 문서를 불러들인 후, Twitter 형태소 분석기를 이용해 명사를 추출했다.

이후의 과정은 「서른 즈음에」를 대상으로 한 워드클라우드 시각화 과정과 같다. 「국가공무원법 일부개정법률안」에서 가장 많이 언급된 명사 100개를 추출하여, tag 객체로 옮긴다. pytagcloud의 make_tags 함수를 이용하여 태그 단어와 단어의 크기가 설정되었다. 또한 create_tag_image 함수를 이용하여, 태그 단어, 이미지 파일명, 이미지 크기, 글꼴 종류, 워드클라우드 형태 등이 지정되었다. 그 결과는 〈그림 5.3〉과 같다.

〈그림 5.3〉「국가공무원법 일부개정법률안」 워드클라우드

예상한 바와 같이, '육아휴직'이 가장 크게 부각되어 나타났다. 그 뒤를 이어 '만', '이하', '비용', '액'을 비롯해 '자녀', '대체', '경우', '인력', '고용' 등의 주요 단어가 단어의 빈도수에 따라 다른 크기로 나타났다.

물론 엄밀한 분석을 위해서는 어떤 단어가 몇 번 언급되었는지 등의 구체적 수치가 필요할 것이다. 그렇지만 이와 같은 구체적 정보는 독자로 하여금 오히려 혼동을 일으킬 수 있다. 이때 동원될 수 있는 도구가 워드클라우드와 같은 이미지 시각화이다. 〈그림 5.2〉, 〈그림 5.3〉과 같은 시각화를 통해, 연구자는 어떤 단어가 큰 비중을 차지하는지를 독자에게 손쉽게 전달할 수 있다.

그렇지만 많은 연구자들이 단지 단어의 빈도만 파악하는 데 만족하지 않으리라 본다. 작게는 이러한 단어들이 어떤 단어와 연관되어 있는지, 크게는 이런 단어들로 구성된 문서가 어떤 범주에 포함되는지를 분석하고 싶을 것이다. 전자를 위한 분석 기법으로 의미망 분석(Semantic

Analysis)이 있으며, 후자를 위한 분석 기법으로 머신러닝/딥러닝 기법이 활용될 수 있다. 본 서는 의미망 분석에 초점을 두어 소개한다.[60]

제3절 의미망 분석

사람과 사람 간의 관계, 국가와 국가 간의 관계 등 사회에는 수많은 관계가 존재한다. 이와 같은 관계들을 단어를 통해 어떻게 분석할 수 있을까? 어떤 단어가 중심적인 단어이고, 그 단어와 어떤 단어들이 연관되어 있고, 그렇게 연관된 단어들이 모여 어떤 의미를 가질까? 달리 표현하면, 어떤 사람이 그 사회의 중심에 있고, 어떤 이들과 어떤 이들이 연결되어 있고, 이들은 어떤 무리를 이루고 있을까? 나아가 그 관계의 강도는 무엇에 의하여 변화되는가? 이와 같은 질문들은 정치학을 비롯한 사회과학 전 분야에 걸쳐 있다. 본 절은 그러한 관계 분석 방법 중 하나로 단어와 단어 간의 관계를 분석할 수 있는 도구를 소개하고자 한다.[61]

1. 의미망 분석이란?

의미망 분석이란 관계망 분석의 한 유형이다. 관계망 분석(Network Analysis)이란 관계망을 통해 표현되는 관계의 대표성에 관한 분석으로 정의할 수 있다. 이때 관계망이란 행위자를 기본 단위로 상호 연결된

60 머신러닝/딥러닝 등에 관해서는 김성훈의 동영상(http://hunkim.github.io/ml/, 방문일: 2017년 11월 10일), 조휘열·김진화·윤상웅·김경민·장병탁(2015), 안드레아스 뮐러·세라 가이도(2017), 김성진(2018)을 참조.

61 관계의 강도에 대한 분석은 이상엽(2015)을 참조.

관계를 의미하며, 이러한 관계망을 통해 관계의 속성, 즉 관계의 대표성을 파악할 수 있다. 가령 연구주제가 국회의원의 권력 구조를 파악하는 것이라면, 국회의원들 간에 형성된 관계망을 통해 권력 구조를 파악할 수 있다. 예를 들어, 연구자는 국회의원에게 법률안 표결을 할 때 누구와 주로 의견을 나누는지를 설문한다. 이와 같은 의견 교환을 관계로 간주한 후 국회의원 간 관계망을 그릴 수 있다. 이 관계망에서 행위자는 의원이고, 관계는 의원들 사이의 의견 교환 관계가 된다. 연구자는 이러한 관계망에서 누가 의견 교환의 중심인지, 이 의원을 중심으로 어떠한 관계가 형성되는지를 파악할 수 있다. 물론 이와 같은 관계망은 정당별로 형성될 가능성이 높으며, 따라서 정당 간 이질적 관계망을 예상할 수 있다.

관계망 분석은 크게 사회연결망 분석(Social Network Analysis)과 의미망 분석(Semantic Analysis)으로 구분된다. 전자의 행위자는 사람, 단체, 사회 등이 되며(김용학 2007), 후자의 행위자는 텍스트의 단어, 문구, 문장 등이 된다(세라 가이도·서리아 라 2015).[62] 본 서는 한글 문서에 대한 분석에 초점을 두는바, 후자인 의미망 분석에 중점을 두어 관계망 분석을 설명하고자 한다. 그러나 의미망 분석에서의 논리는 사회연결망 분석에도 동일하게 적용된다.

관계망 분석을 이해하기 위해서는 몇 가지 용어에 대한 소개가 필요하다.[63] 첫째, 관계망에서는 행위자를 노드(node)라고 일컫는다. 둘째, 행위자와 행위자 간의 관계, 즉 노드와 노드의 관계를 관계망에서는 에

62 세라 가이도(Sarah Guido)와 서리아 라(Celia La)가 2015년 PyCon에서 발표한 내용은 유튜브 사이트(https://youtu.be/6Lauxn9oTt4, 방문일: 2017년 11월 10일)를 참조.

63 본 절에서는 관계망 분석, 구체적으로 의미망 분석에 사용되는 몇 가지 기본 용어와 논리를 소개한다. 관계망 분석에 관한 보다 심도 깊은 논의는 김용학(2007)과 이상엽(2015)을 참조하기 바란다.

지(edge)라고 일컫는다. 에지는 노드를 기준으로 형성되는데, 한 노드가 다른 노드를 일방적으로 좇는 일방향적 관계(directional relation)와, 두 노드 모두가 상호 연결되어 있는 양방향적 관계(unidirectional relation)로 분류된다.

이 외에도 몇 가지 용어가 있다. 예를 들어, 하나의 노드에서 다른 노드까지 가는 거리를 의미하는 경로(path), 에지의 강도를 의미하는 가중치(weight) 그리고 하나의 노드에 연결된 다른 노드의 수를 의미하는 연결정도(degree) 등이 있다.

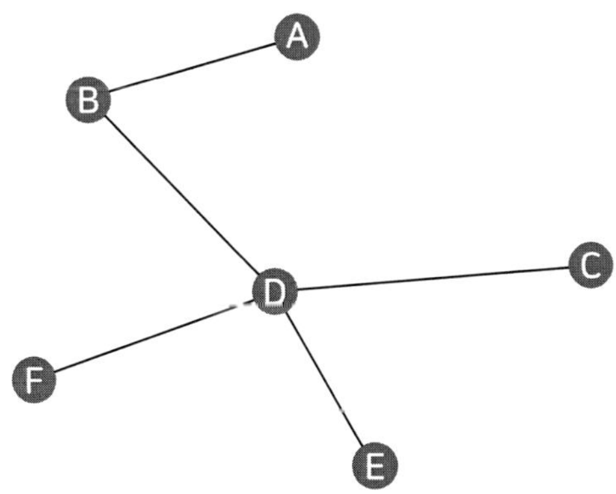

〈그림 5.4〉 관계망 분석의 기본 용어

〈그림 5.4〉의 동그라미로 표시되어 있는 부분은 행위자, 즉 노드를 의미하며, 각 노드를 연결하는 선은 에지를 의미한다. 일반적으로 에지에 화살표 표시가 없는 경우는 노드 간의 관계가 쌍방향적인 관계임을 의미하며, 〈그림 5.4〉에서도 마찬가지이다.

〈그림 5.4〉를 통해 각 노드의 경로와 연결정도를 파악할 수 있다. 예를 들어, A 노드에서 B 노드까지 가는 경로는 1이며, A 노드에서 D 노

드까지 가는 경로는 2이다. 그리고 A 노드에는 B 노드밖에 연결되어 있지 않기 때문에 A 노드의 연결정도는 1인 반면, D 노드는 B, C, E, F와 연결되어 있기 때문에 D 노드의 연결정도는 4이다. 에지의 강도를 표현하는 가중치는 일반적으로 선의 굵기로 표시하지만, 〈그림 5.4〉는 이러한 정보를 제공하지 않기 때문에 노드 간의 관계 정도를 파악할 수 없다.

관계망은 크게 세 가지 유형으로 분류된다. 〈그림 5.5〉에 제시된 것처럼, a) 노드 간의 관계가 밀접하지 않은 관계망(random network), b) 소수의 중심 노드에 다른 소규모 노드들이 연결되어 있는 관계망(scale-free network), c) 모든 노드가 서로 연관된 밀접한 관계망(small world network)이 그것이다. 일반적으로 b)와 같은 유형, 즉 소수의 중심에 여러 개의 노드들이 연결된 관계망이 사회에서 주로 발견되는 유형이다.

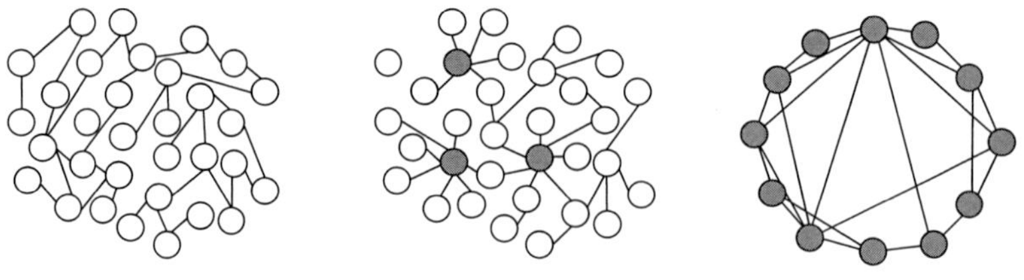

〈그림 5.5〉 관계망 유형
출처: 위키피디아(https://en.wikipedia.org/), 방문일: 2017년 4월 5일.

관계망을 통해 관계의 다양한 속성을 파악할 수 있다. 예를 들어, 관계망의 중심이 무엇인지(중심성, centrality), 관계망이 얼마나 긴밀히 연결되어 있는지(결속, cohesion) 등을 파악할 수 있다(김용학 2007). 본 서는 이와 같은 속성 중 중심성에 초점을 두어 관계망을 설명하고자 한다.

누가 네트워크의 중심인가를 측정하는 방식은 크게 연결정도 중심성, 매개 중심성, 인접 중심성으로 분류된다. 연결정도 중심성(Degree Centrality)이란 한 노드에 연결된 다른 노드들의 숫자를 기준으로 연결의 중심을 파악하는 방식이다. 연결정도 중심성은 다른 사람들과 많이 연결되어 있는 사람이 중심적인 사람이라는 인식을 갖고 있다. 마치 마당발처럼 많은 사람들과 연결된 사람이야말로 중요한 사람이라는 인식이다. 연결정도 중심성 공식은 $\frac{\text{degree}}{\text{Max. of degree}} = \frac{\text{degree}}{\text{n-1}}$이다(degree는 연결정도 수, Max. of degree는 연결될 수 있는 최대 연결정도, 그리고 n은 노드 수를 뜻한다). 예를 들어, 〈그림 5.4〉에 있는 D의 연결정도 중심성 수치는 $\frac{4}{5} = 0.8$이다.

두 번째 방식인 매개 중심성(Betweenness Centrality)은 한 노드가 다른 노드 쌍의 경로에 위치한 숫자로 측정된다. 예를 들어, 〈그림 5.4〉의 D는 AC, AE, AF, BC, BE, BF, CE, CF, EF 쌍 사이에 놓여 있다. 매개 중심성은 노드들 사이에 위치함으로써 정보를 통제할 수 있는 사람이 중심적인 사람이라는 인식을 갖고 있다. 마치 부동산 중개인처럼 구매자와 판매자 사이에 있어 양쪽의 정보를 통제할 수 있는 사람이 중요한 사람이라는 인식이다. 매개 중심성 공식은 $\frac{\text{Between Pairs}}{\text{No. of shortest paths}} = \frac{\text{Between Pairs}}{\text{(n-1)(n-2)/2}}$이다(Between Pairs는 다른 노드 쌍의 경로에 놓인 수, No. of shortest paths는 단순 경로의 수를 뜻한다). 예를 들어, 〈그림 5.4〉 D의 매개 중심성 수치는 $\frac{9}{(6-1)(6-2)/2} = \frac{9}{10}$이다.

끝으로 인접 중심성(Close Centrality)은 한 노드에서 다른 노드로 연결되는 데 필요한 경로의 숫자로 측정된다. 즉 얼마나 짧게 다른 노드와 연결되어 있어, 정보를 신속하게 전파할 수 있는가로 중심성을 파악하는 방법이다. 마치 오피니언 리더처럼 다른 사람에게 가장 빨리 연결될 수 있는 사람이 중심적인 사람이라는 인식이다. 인접 중심성 공식은 $\frac{\text{Max. of degree}}{\text{No. of paths}} = \frac{\text{n-1}}{\text{No. of paths}}$이다(No. of paths는 한 노드가 다른 노드에 닿는 경로의 총수를 뜻한다). 예를 들어, 〈그림 5.4〉 D가 각 노드에 접근하는 경로는 D→B, D→C, D→E, D→F, D→B→A이다. 따라서 D가 각 노드에 접근하는 거리의 총합은 (1+1+1+1+2)=6이 되며, D의 인접 중심성 수치는 $\frac{(6-1)}{(1+1+1+1+2)} = \frac{5}{6}$이다. 같은 방식으로 A의 인접 중심성 수치는 $\frac{(6-1)}{(1+2+3+3+3)} = \frac{5}{12}$가 된다. 이와 같은 연결정도 중심성 수치, 매개 중심성 수치 그리고 인접 중심성 수치를 통해 관계망에서 핵심적인 노드가 무엇인지를 파악할 수 있다.

이제 파이썬에서 관계망 분석을 실시해 보자. 다행히도 파이썬에는 관계망 분석을 실행할 수 있는 패키지, NetworkX가 존재한다. NetworkX는 단지 몇 줄의 명령문으로 수천, 수만, 수십만 개의 노드들 간에 존재하는 관계를 파악할 수 있도록 도와준다.

2. NetworkX 기본 문법

NetworkX는 관계망 또는 의미망 분석을 위한 파이썬 패키지이다. NetworkX는 기본적으로 관계에 대한 시각화 기능과 구조 분석을 위한 기능을 제공하고 있으며, 다른 파이썬 패키지와의 혼용을 통해 다양한 부가 기능이 추가될 수 있다.[64]

NetworkX를 통한 시각화는 일반적으로 세 단계를 거친다. 첫째로 데이터를 입력하는 단계, 둘째로 관계망을 그리는 단계, 셋째로 그래프

64 NetworkX에 대한 자세한 내용은 NetworkX 사이트(https://networkx.github.io/, 방문일: 2017년 11월 21일)를 참조.

를 저장하는 단계이다.

첫 번째 단계인 데이터 입력은 노드(node)에 대한 입력과 에지(edge)에 대한 입력으로 구분된다. 먼저 각 노드를 지정하고, 노드들이 어떻게 연결되어 있는지를 지정한다. 이러한 입력들이 NetworkX에서 어떻게 진행되는지 살펴보자.

```
import networkx as nx

g = nx.Graph()

# 노드
g.add_node(1)
g.add_node(2)
g.add_nodes_from([3, 4, 5, 'six', 'hello'])
g.node[1]['type']='number'

g.nodes()
g.node[1]
g.node[2]
g.nodes(data=True)
len(g)

# 에지
g.add_edge(1, 2)
g.add_edges_from([(2, 3), (3, 5), (5, 'six')])
g[1][2]['weight'] = 2.3

g.edges()
g.edges(data=True)
```

언제나처럼 스크립트의 첫 번째는 사용할 패키지를 호출하는 명령문이다. NetworkX를 호출하기 위하여 import networkx란 명령문이 사용되었으며, networkx를 축약해 사용하기 위해 nx라는 별칭을 만들었다.

networkx에서 데이터를 입력할 때 사용하는 첫 번째 함수는 Graph이다. Graph를 선언하는 것은 컴퓨터에게 관계망 분석을 시작한다고 알리는 것과 같다. Graph 속성을 계승한 g에 관계망 분석에 사용할 데이터를 입력한다.

노드를 입력하는 명령어는 add_node이다. 예를 들어, add_node(1)이란 명령어를 통해 '1'이란 노드를 입력할 수 있다. 또는 add_nodes_from([3, 4, 5, 'six', 'hello'])이란 명령어를 통해 리스트를 입력할 수도 있다. 또한 각 노드에 대한 속성을 지정할 수도 있다. 예를 들어, 예제의 첫 번째로 입력된 1을 숫자로 지정하고 싶다면, node[1]['type']='number'란 명령어를 통해 입력하면 된다.

입력된 노드는 다양한 방식으로 출력 또는 확인할 수 있다. 예를 들어 nodes( )란 명령어를 사용하면, 입력된 노드 전체가 출력된다. 만약 노드의 속성을 출력하고 싶다면, node[ ]를 통해 이용할 수 있다. 예제의 경우, 노드 1에 number란 속성을 추가했기 때문에 node[1] 명령어를 사용하면 이에 대한 속성 값이 출력된다. 한편 노드 2에는 어떠한 속성도 추가되지 않았기 때문에 node[2] 명령어를 사용하면 빈 값({ })이 출력된다. 만약 입력된 노드 전체에 대한 속성 값 표시를 원한다면, nodes(data=True) 명령어가 그 역할을 할 수 있다. 끝으로 입력된 전체 노드의 개수는 len( ) 명령어를 통해 파악할 수 있다.

유사한 방식으로 에지에 대한 정보도 입력할 수 있다. 예를 들어 노드 1과 노드 2를 연결하고 싶다면, add_edge(1, 2)란 명령어를 사용하여 에지를 설정할 수 있다. 이와 같은 에지 설정은 리스트로도 가능하다. 예를 들어, add_edges_from([(2, 3), (3, 5), (5, 'six')])란 명령어를 사용하면, 노드 2와 노드 3 간, 노드 3과 노드 5 간, 그리고 노드 5와 노드 'six' 간의 에지가 설정된다. 또한 노드와 마찬가지로 에지의 속성도 지정할 수 있다. 예를 들어, 에지 (1, 2)의 강도를 2.3으로 설정하고 싶다면, g[1][2]['weight'] = 2.3이란 명령어로 에지의 강도를 설정할 수 있다.

입력된 에지에 대한 출력도 노드에서의 방식과 유사한 방식으로 가능하다. 예를 들어 에지 전체를 출력하고 싶다면, edges( ) 명령어를 통해 입력된 에지 모두 출력할 수 있다. 만약 에지에 포함된 속성 값도 출력하고 싶다면, edges(data=True)를 사용하여 속성 값을 확인할 수 있다. 끝으로 입력된 전체 에지의 숫자는 number_of_edges( ) 명령어를 통해 파악할 수 있다.

물론 일반적으로는 노드와 에지를 하나씩 별도로 설정하지는 않는다. 통계에 사용하는 데이터처럼, 에지에 대한 데이터를 입력하는 것으로 노드에 대한 설정과 에지에 대한 설정이 완료된다. 예를 들어, 에지에 대한 리스트 [(1, 2), (1, 3), (3, 4), (4, 5), (4, 1)]을 입력하는 것으로 노드 설정과 에지 설정이 마무리된다.

```
import networkx as nx

g2 = nx.Graph()

paths = [
  (1, 2),
  (1, 3),
  (3, 4),
  (4, 5),
  (4, 1)
]

for p in paths:
  g2.add_edge(p[0], p[1])
```

예제에서 paths는 에지 리스트 [(1, 2), (1, 3), (3, 4), (4, 5), (4, 1)]을 담은 객체이다. for 구문을 이용해서 paths에 담긴 에지를 하나씩 꺼내 첫 번째 요소(p[0])에 첫 번째 노드를 넣고, 두 번째 요소(p[1])에 두 번째 노드를 넣었다. 이렇게 하면, 첫 번째 단계인 데이터 입력이 마무리된다.

두 번째 단계는 관계망을 그리는 단계이다. 관계망을 그리기 위해서는 먼저 관계망의 윤곽(layout)이 지정되어야 한다. 왜냐하면 관계명의 윤곽에 따라 노드와 에지가 그려지기 때문이다. 관계망의 윤곽은 노드를 선으로 이어 준다는 점에서는 공통적이지만, 노드를 놓는 방식에 있어서는 차이가 있기 때문에 윤곽 설정에 따라 관계망 그림이 달라진다(김용학 2007, 43쪽). NetworkX는 [표 5.1]과 같이 네 가지 형태의 윤곽을 제공하고 있다.

[표 5.1] NetworkX의 윤곽(Layout)

함수	노드 위치 방식
circular_layout( )	원 위에 놓기
spring_layout( )	관계가 강할수록 가깝게 놓기
spectral_layout( )	Laplacian 방식을 이용하여 관계가 강할수록 가깝게 놓기
random_layout( )	균등하게 놓기

앞 예제를 대상으로 관계망을 그려 보자. 윤곽은 spring_layout을 사용하고자 한다. 스크립트는 다음과 같다.

```
import networkx as nx

g2 = nx.Graph()

paths = [(1, 2), (1, 3), (3, 4), (4, 5), (4, 1)]
for p in paths:
  g2.add_edge(p[0], p[1])

pos = nx.spring_layout(g2)
nx.draw_networkx_nodes(g2, pos)
nx.draw_networkx_edges(g2, pos)
```

관계망을 그리기 위한 첫 번째 명령문은 윤곽(layout)을 지정하는 명령문이다. 예제의 경우, 관계망 윤곽을 spring_layout로 전제했기 때문에 데이터 g2를 spring_layout(g2)에 담아 pos로 넘겼다. 이후, draw_networkx_nodes 함수를 이용하여 g2의 노드를 윤곽 pos에 놓았다. 또한 draw_networkx_edges 함수를 이용하여 g2의 에지를 윤곽 pos에 놓았다. 이렇게 두 가지 함수를 이용해 만들어진 관계망은 〈그림 5.6〉과 같다.

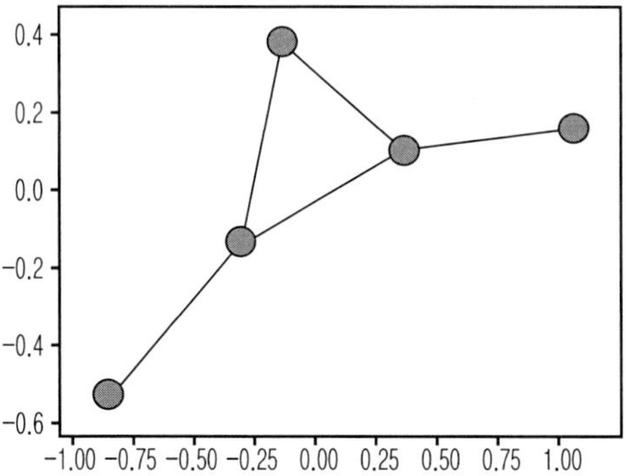

〈그림 5.6〉 기본 Spring Layout 관계망

〈그림 5.6〉은 [(1, 2), (1, 3), (3, 4), (4, 5), (4, 1)]의 관계를 그림으로 표시한 결과이다.[65] 〈그림 5.6〉을 보면, 세 개의 중심적 노드를 기준으로 여러 개의 노드가 연결되어 있고, 나머지 두 개의 노드에는 각각 하나의 노드만이 연결되어 있음을 알 수 있다. 따라서 〈그림 5.5〉에서 제시된 것처럼 〈그림 5.6〉은 관계망 유형의 일반적인 형태인 scale-free network에 해당한다는 것을 알 수 있다.

그렇지만 〈그림 5.6〉은 어떤 노드가 어떤 노드인지를 말해 주지 않는다. 즉 어떤 노드가 구체적으로 어떤 노드와 연결되어 있는지는 알 수 없다. 따라서 연구자는 추가적으로 각 노드에 일종의 표시, 즉 레이블을 붙이고 싶을 수 있다. 또한 에지에도 추가적인 정보를 덧붙이고 싶을 수 있다. 이런 경우 활용할 수 있는 함수로서 draw_networkx_labels와 draw_networkx_edge_labels가 있다. 전자의 경우는 노드에 레이블을 붙이는 함수이고, 후자의 경우는 에지에 레이블을 붙이는 함수이다.

```
nx.draw_networkx_labels(g2, pos)

edgeLabels = {pair: x for x, pair in enumerate(paths)}
nx.draw_networkx_edge_labels(g2, pos, edge_labels = edgeLabels)
```

노드와 에지에 레이블을 붙이는 방식에는 약간의 차이가 있다. 노드의 경우, 첨가될 레이블의 정보가 이미 데이터에 담겨 있기 때문에, 별도의 추가 명령문 없이 레이블을 노드에 붙이면 된다. 즉 draw_networkx_labels로 데이터(g2)와 윤곽(pos)을 넘기기만 하면 레이블이

65 〈그림 5.6〉에 사용된 데이터에는 에지 강도에 대한 정보가 없기 때문에, Spring Layout의 특징인 강한 관계일수록 가깝게 놓이는 효과가 구현되지 않았다.

추가된다.

반면 에지의 경우, 첨가되는 정보가 데이터상에 없기 때문에 이를 생성할 필요가 있다. 예제의 경우, enumerate 함수를 이용하여 노드 쌍의 위치(index) 값을 레이블 정보로 생성하여 추가했다.[66] 그 결과는 〈그림 5.7〉과 같다.

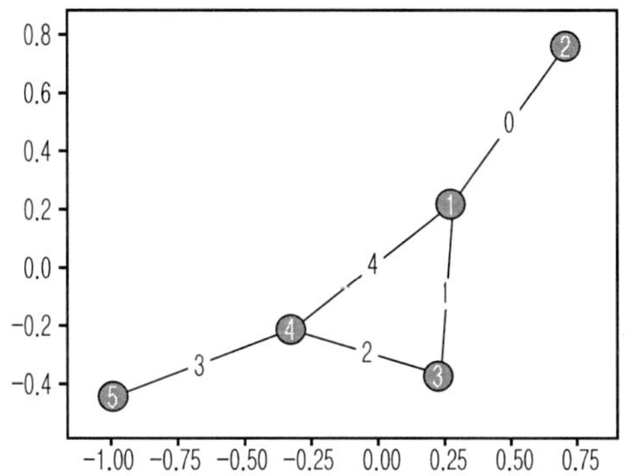

〈그림 5.7〉 레이블이 추가된 Spring Layout 관계망[67]

이제 우리는 노드 간의 관계를 보다 쉽게 파악할 수 있다. 입력된 데이터가 [(1, 2), (1, 3), (3, 4), (4, 5), (4, 1)]이란 점을 기억해 보자. 노드 1은 2, 3, 4와 각각 연결되어 있다. 노드 4는 노드 1, 3, 5와 연결되어 있다. 그리고 노드 3은 1과 4, 두 개의 노드와 연결되어 있는 반면, 노드 2와 노드 5는 각각 하나의 노드와 연결되어 있다.

각 노드 쌍에는 에지 레이블이 추가되었다. 레이블 정보는 데이터에

66 enumerate는 노드 쌍을 하나씩 호출하여 데이터에서의 노드 쌍 위치(index)를 첫 번째(x)에 주고, 이에 해당하는 값을 두 번째(pair)로 넘긴다. edgeLabels 객체는 사전형 자료로서 {키: 값}의 형태로 자료를 받는다. 따라서 edgeLabels에 담긴 정보는 {노드 쌍: 위치}의 형태가 된다.

67 NetworkX의 경우, 관계망에서의 노드 위치와 이에 따른 그림의 변화가 일어난다.

서의 노드 쌍 위치이다. 예를 들어, 첫 번째 위치에 놓인 (1, 2)에는 0이, 두 번째인 (1, 3)에는 1이, 세 번째 위치인 (3, 4)에는 2가, 네 번째 위치인 (4, 5)에는 3이, 다섯 번째 위치인 (4, 1)에는 4가 레이블 정보로 추가되었다.

시각화의 마지막 단계는 출력된 관계망 그림을 저장하는 단계이다. NetworkX의 그림을 저장하기 위해서는 matplotlib 패키지, 특히 pyplot 함수가 필요하다.[68] 따라서 아래 예제처럼 matplotlib의 pyplot을 호출하여, plot으로 축약했다.

관계망 그림을 저장하는 명령어는 pyplot 함수에 담긴 savefig이다. 예제와 같이 plot.savefig('networkx_eg.png')란 명령어를 입력하면 화면에 출력된 그림을 작업 폴더에 networkx_eg.png란 파일명으로 저장할 수 있다(〈그림 5.6〉과 〈그림 5.7〉에 사용된 전체 프로그램은 〈부록 5.1〉을 참고).

관계망 그림을 그릴 때 몇 가지 추가적인 명령어가 요긴하게 쓰일 수 있다. 예를 들어, 〈그림 5.7〉에 있는 X축과 Y축을 생략하고 싶다면, axis 함수의 off 옵션을 사용하면 된다. 또는 컴퓨터 화면에 출력된 그림을 보이지 않게 하고 싶다면, close 함수를 사용할 수 있다.

```
import matplotlib.pyplot as plot

plot.savefig('networkx_eg01.png')
plot.axis('off')
plot.close()
```

68 matplotlib 패키지에 대해서는 맥키니(2013)를 참조.

관계망 분석은 단지 관계망 그림을 그리는 데 멈추지 않는다. 분석을 통해 관계망의 중심이 누구인지, 중심성의 정도는 어느 정도인지, 관계의 강도는 어느 정도인지 등 다양한 정보를 제시할 수 있다. 앞서 관계망의 중심을 파악할 수 있는 세 가지 수치인 연결정도 중심성, 매개 중심성, 인접 중심성 수치를 소개했다.

관계망 중심성 수치에 관한 명령어는 간단하다. 연결정도 중심성 수치의 경우 degree_centrality를, 매개 중심성 수치의 경우 betweenness_centrality를, 인접 중심성 수치의 경우 closeness_centrality를 사용하면 각 노드의 중심성 수치를 보여 준다. 예를 들어 degree_centrality에 데이터(g2)를 넘기면, 각 노드의 연결정도 중심성 수치를 보여 준다(노드 1은 0.75, 노드 2는 0.25, 노드 3은 0.5, 노드 4는 0.75, 노드 5는 0.25). 이와 유사하게 매개 중심성 수치는 betweenness_centrality를 사용하여, 인접 중심성 수치는 closeness_centrality를 사용하여 각 노드의 중심성 수치를 파악할 수 있다. 예제에 제시된 것처럼, 각 함수에 데이터(g2)를 넣으면, 노드의 유형별 중심성 수치가 표시된다. 이와 같은 방식을 통하여 어떤 노드가 관계망의 중심인지를 파악할 수 있다.

```
nx.degree_centrality(g2)
{1: 0.75, 2: 0.25, 3: 0.5, 4: 0.75, 5: 0.25}
nx.betweenness_centrality(g2)
{1: 0.5, 2: 0.0, 3: 0.0, 4: 0.5, 5: 0.0}
nx.closeness_centrality(g2)
{1: 0.8, 2: 0.5, 3: 0.6666666666666666, 4: 0.8, 5: 0.5}
```

그렇지만 정치 현상에 대한 적용은 이보다 훨씬 복잡할 수 있다. 가장 큰 요인은 노드의 숫자, 즉 행위자 숫자가 상당히 많다는 점이다. 위 예제와 달리, 수백 명에서 수만 명에 이르기까지 다양한 행위자가 존재한다. 따라서 단순한 그림이나 숫자 나열로 관계망의 중심을 파악하는 데는 한계가 있다.

한 가지 해결책은 중심성의 수치를 정렬하여 제시하는 것이다. 다행히도 파이썬에는 sorted 함수가 있어, 숫자, 문자열, 리스트, 튜플, 사전 자료 등도 오름/내림차순으로 정렬할 수 있다. 다만 사전 자료의 경우, 사전의 {키: 값} 중 어느 것을 기준으로 정렬해야 하는지 추가로 설정해야 한다. 이와 같이 특정 요소를 기준으로 자료를 정렬할 경우, operator 패키지의 itemgetter 함수가 필요하다.

관계망의 중심성 수치는 사전 자료 형식, 즉 {노드: 중심성 수치}의 형식으로 저장되어 있다. 따라서 어느 것을 기준으로 정렬할지를 결정해야 하며, 이에 대한 추가 옵션이 필요하다.

```
from operator import itemgetter

degree_cent = nx.degree_centrality(g2)
degree_sorted = sorted(degree_cent.items(), \
  key=itemgetter(1), reverse=True)
print(degree_sorted[0:3])
[(1, 0.75), (4, 0.75), (3, 0.5)]
```

sorted 함수의 기본 유형은 첫 번째에 놓인 요소를 기준으로 오름차순하는 것이다. 예를 들어, sorted([5, 2, 3, 1, 4])를 할 경우, 결과 값은 [1, 2, 3, 4, 5]가 된다. 만약 내림차순 정렬이 필요하다면, 옵션을 reverse=True로 변경하면 된다.

관계망의 중심성 수치는 사전 자료 형식으로 저장되어 있기 때문에 어떤 것을 기준으로 정렬할지 결정하고, 이를 기준으로 정렬해야 한다. operator의 itemgetter 함수가 이와 같은 역할을 담당한다. itemgetter(0)의 경우 노드를 기준으로 정렬하며, itemgetter(1)의 경우 중심성 수치를 기준으로 정렬한다.

예제의 경우, degree_centrality(g2)를 사용해 연결정도 중심성 수치를 파악한 후, 이 값들을 degree_cent로 옮겼다. 이어서 degree_cent의 요소를 추출(items)하여, 정렬기준=연결정도 중심성 수치, 정렬방식=내림차순이란 옵션으로 정렬하고 그 결과 값을 degree_sorted로 넘겼다. 끝으로 print 명령문은 정렬된 연결정도 중심성 수치를 첫 번째(0)부터 세 번째(2)까지 출력했다. 이로써 어떤 노드가 가장 중심적이고, 어느 정도의 연결정도 중심성을 갖는지 손쉽게 파악할 수 있다.

3. NetworkX를 활용한 의미망 분석: 제19대 대통령 선거 분석

여론은 다양한 방법을 통해 파악할 수 있다. 아마도 설문을 통한 여론조사가 가장 잘 알려진 방법일 것이다. 그렇지만 최근 무선 전화 사용이 일반화됨에 따라, 여론조사의 근간인 표본의 대표성, 특히 젊은층에 대한 대표성 문제가 심각히 제기되고 있다. 이에 대한 보완책으로 다양한 방법들이 제기되고 있는데, 트위터, 페이스북 등과 같은 소셜네트워크를 통한 여론 파악이 그중 하나이다.

이어서는 제19대 대통령 선거 당시 주요 후보의 소셜네트워크를 분석하고자 한다. 분석 시기는 2017년 5월 3일이고, 이는 제19대 대통령선거 6일 전 수요일이었다. 분석 대상은 더불어민주당 문재인 후보, 자유한국당 홍준표 후보, 국민의당 안철수 후보이다. 분석되는 소셜

네트워크는 트위터와 페이스북이다. 분석에 사용된 프로그램은 〈부록 5.2〉, 〈부록 5.3〉 그리고 〈부록 5.4〉에 제시하였으며, 이 부분에서는 분석에 초점을 두고자 한다.

먼저 트위터를 통하여 여론을 파악해 보자. 트위터 분석에 사용한 패키지는 TwitterSearch이다. TwitterSearch는 Tweepy와 마찬가지로 트위터 API를 이용하여 트위터의 다양한 내용들(예, 트윗, 리트윗 등)을 반환해 주는 패키지이다. Tweepy와 비교했을 때 TwitterSearch의 장점은 일정 기간의 과거 트윗을 반환한다는 점, 그리고 Tweepy보다 더 많은 결과를 반환해 준다는 점이다.

검색에 사용한 키워드는 각 후보의 이름이다. 예를 들어, 문재인 후보의 경우 '문재인', 홍준표 후보의 경우 '홍준표' 그리고 안철수 후보의 경우 '안철수'를 검색어로 설정했다. TwitterSearch를 사용하여 반환된 결과는 일자별로 CSV 파일 형식으로 저장하였으며, 일자별 파일에 대한 의미망 분석을 실시하였다. 의미망 분석에 사용된 단어는 연결정도(degree) 기준으로 상위 25위에 해당하는 단어들이다. 이와 같은 분석 결과, 일자별 중심단어 및 그 관계망, 그리고 중심단어의 변화와 관계망의 변화를 파악할 수 있었다. 아쉽게도 본 서는 지면 제약상 2017년 5월 3일 하루에 해당하는 후보자별 트위터 분석결과만을 제시한다.[69]

2017년 5월 3일 기준으로 문재인 후보에 대한 트위터 검색결과 중 가장 압도적인 단어는 당연히 문재인이었다. 그 뒤를 이어 후보, 세월호, 안철수, 대통령 등 25개 단어가 차례대로 중심적인 단어로 등장했

69 2017년 5월 3일은 제19대 대통령선거 여론조사 공표 금지가 시작되는 날이었다.

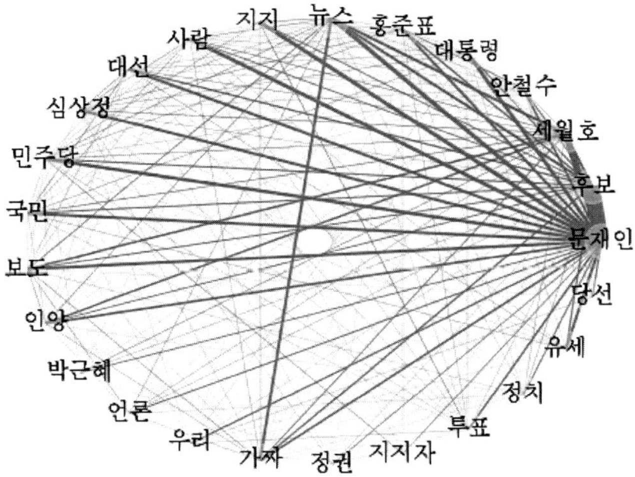

〈그림 5.8〉 제19대 대통령 선거 트위터 분석: 문재인 후보

다. 요컨대 2017년 5월 3일 기준으로 트위터 사용자들이 문재인 후보를 언급할 때 같이 언급한 단어들은 후보, 세월호, 안철수, 대통령, 홍준표, 뉴스, 지지 등 25개 단어였다.

한 걸음 더 들어가 보자. 〈그림 5.8〉에서 선의 굵기는 두 단어가 동시에 등장하는 비중, 즉 단어 간 관계의 강도를 의미한다. 예를 들어, 문재인이란 단어는 세월호란 단어와 동시에 등장하는 비중이 높았으며, 세월호란 단어는 보도와 인양이란 단어와 동시에 등장하는 비중이 높았다. 또한 문재인이란 단어는 뉴스와도 동시에 등장하는 비중이 높았으며, 뉴스란 단어는 가짜라는 단어와 동시에 등장하는 비중이 높았다. 즉 트위터 이용자들은 문재인을 세월호 보도 및 인양이란 문장으로 언급하는 비중이 높았고, 문재인 가짜 뉴스에 대한 언급 비중도 높았다는 것을 알 수 있다. 이를 통해, 5월 3일 당시 트위터 이용자들은 문재

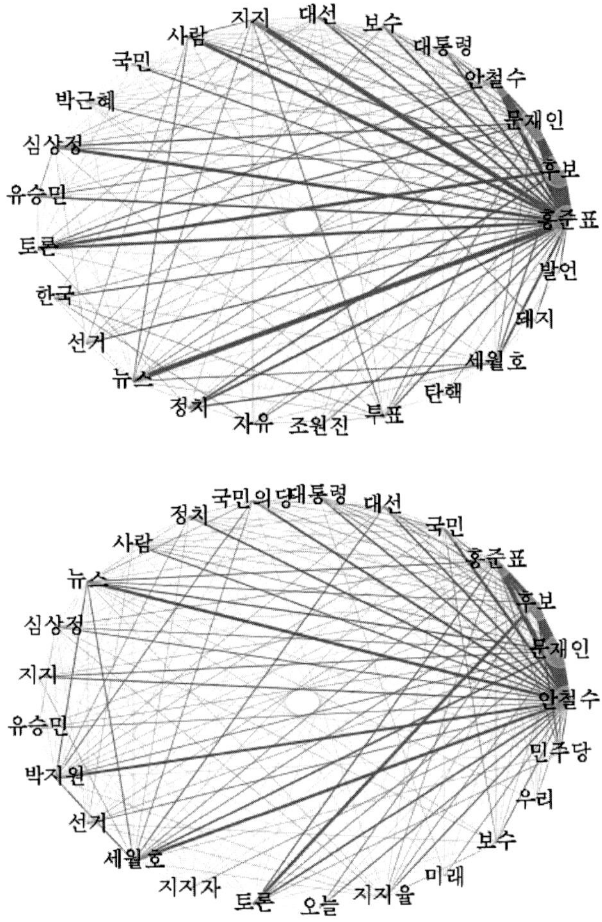

〈그림 5.9〉 제19대 대통령 선거 트위터 분석: 홍준표, 안철수 후보

인을 세월호와 가짜 뉴스란 시각에서 바라보았다는 것을 알 수 있다.

같은 날 홍준표 후보와 안철수 후보에게서 가장 주요한 단어는 세월호가 아닌 다른 후보들, 즉 문재인/안철수와 문재인/홍준표 후보였다. 이들 후보의 이름을 통해 검색된 트위터 내용 중 중심성이 높은 상위

25개 단어를 살펴보면, 트위터 사용자들이 생각하는 이들의 모습을 파악할 수 있다.

홍준표 후보의 경우를 살펴보자. 홍준표란 단어는 다른 후보의 이름을 제외하면, 보수란 단어가 빈번히 그리고 동시에 등장하는 단어임을 알 수 있다. 또한 다른 중심단어로는 박근혜, 심상정, 유승민, 토론, 자유, 조원진, 탄핵, 돼시 등이 눈에 띈다. 트위터 검색일 하루 전인 5월 2일에 대통령 선거 후보 TV 토론이 있었다는 점을 고려할 때, 토론이란 단어와 심상정이란 단어가 주요 단어로 부각된 것으로 파악할 수 있다.

단어들 간의 관계인 의미망을 보면, 어떤 단어들이 보다 밀접하게 연결되어 있는지 알 수 있다. 예를 들어, 홍준표란 단어는 지지란 단어와 밀접한 관계를 지니고 있는데, 지지는 뉴스, 투표, 돼지 등과 동시에 등장하는 경우가 많았다. 이는 홍준표란 단어가 지지/투표 등의 긍정적 단어와 더불어 돼지라는 부정적 단어와 동시에 언급된 비중이 높다는 것을 의미한다. 같은 맥락에서 홍준표란 단어와 높은 동시성을 보이고 있는 뉴스 단어 역시 사람, 지지 등의 긍정적 단어 외에도 세월호란 부정적 단어(홍준표 후보의 경우에는)와 연결되어 있다는 것을 알 수 있다.

같은 맥락에서 안철수 후보에 대한 트위터 의미망도 분석할 수 있다. 앞서와 마찬가지로 다른 후보 이름을 제외하면, 안철수 후보의 경우 국민이란 단어가 가장 중심적인 단어로 부각됐다. 그 뒤를 이어, 미래, 보수 등의 단어가 눈에 띈다. 즉 트위터 사용자들은 안철수 후보의 정치적 상징을 미래를 위한 보수로 간주하고 있다고 판단할 수 있다. 또 다른 중심단어로 심상정, 유승민, 박지원, 세월호 등을 들 수 있다. 이와 같은 단어들은 5월 2일 토론의 여파로 등장한 것으로 간주할 수 있지만, 국민의당 내부에서 박지원과의 관계, 그리고 세월호에 대한 안철수 후보의 입장이 트위터상에서 주요 논란거리였음을 알 수 있다.

단어들의 관계인 의미망을 살펴보면, 트위터 사용자들은 5월 3일 기준으로 안철수 후보에 대하여 부정적 언급이 주요하다는 것을 알 수 있다. 안철수란 단어와 함께 주로 언급된 단어는 뉴스, 박지원, 세월호 등이며, 뉴스와 세월호도 높은 동시성을 보이고 있기 때문이다.

같은 일자인 5월 3일 페이스북을 살펴보면 이와 같은 주장의 신빙성이 높아진다. 페이스북에 대한 분석은 공공용 페이지를 갖고 있는 문재인, 안철수 후보의 페이지 댓글을 대상으로 실시하였다.[70] 주지하다시피, 페이스북 페이지는 후보자가 글을 올리면(Post), 해당 글에 댓글(Comment)을 붙이는 방식으로 구성되어 있다. 따라서 후보자 페이스북에 게시된 댓글은 후보자에 대한 부정적인 댓글보다 후보자를 격려하는 긍정적인 댓글이 게시될 가능성이 높을 것이라고 가정할 수 있다.

그렇지만 〈그림 5.10〉에 제시된 것처럼 두 후보의 상위 25위 중심단어는 상이한 것으로 나타났다. 문재인 후보의 경우, 대통령, 후보, 우리, 국민, 사람, 나라 등 문재인 후보 캠페인이 강조하는 단어들이 주를 이루었다. 반면 안철수 후보의 경우, 국민, 대통령, 사람, 정치, 우리 생각, 지금 등이 우선 순위를 차지하고 있어, 캠페인이 주목하고 있던 '미래'는 뒤로 처지고 있었다.

또한 문재인 후보의 페이스북 댓글에는 대한민국/국민/사람/나라 등이 강한 동시성을 보이고 있다. 즉 문재인 후보의 슬로건인 '나라다운 나라'가 문재인 후보의 페이스북 댓글에 상당부분 반영되고 있음을 알 수 있다. 반면 안철수 후보의 페이스북 댓글에는 이와 같은 선명성이

70 홍준표 후보는 API를 통해 접근이 허용되는 페이스북 페이지(Page)가 없기 때문에 이에 대한 분석을 실시하지 못했다.

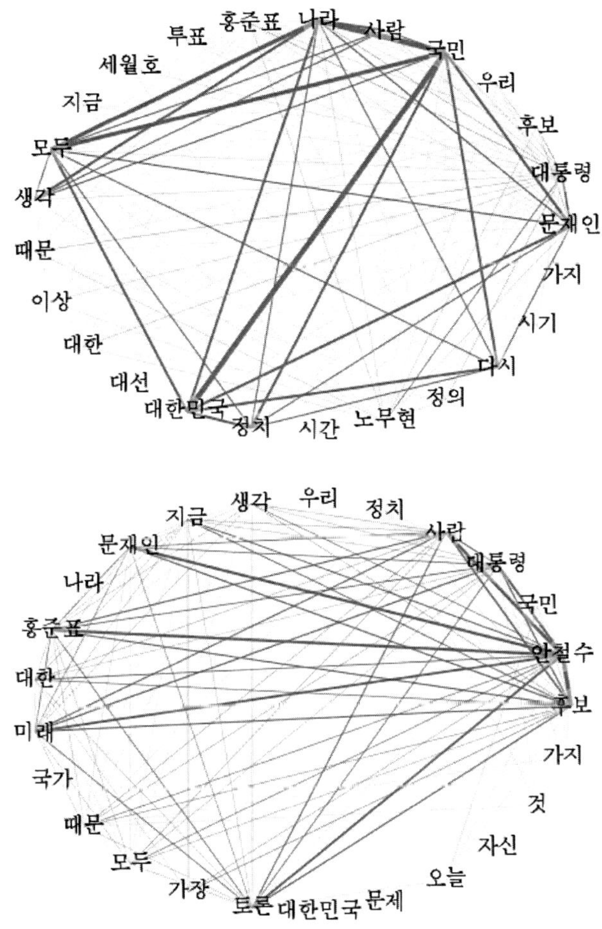

〈그림 5.10〉 제19대 대통령 선거 페이스북 분석: 문재인, 안철수 후보

나타나지 않았다. 물론 안철수/국민, 안철수/문재인, 안철수/홍준표, 안철수/미래, 안철수/토론 등 동시성이 나타나고 있지만, 안철수 후보가 강조한 '국민의 나라', '안철수의 미래혁명' 등은 안철수 페이스북 댓글에서 주요하지 않았다.

물론 의미망 분석을 중심단어 또는 단어들 간의 관계 이상으로 해석하는 데는 조심해야 한다. 트위터의 트윗, 페이스북의 댓글 등이 긍정적인지, 부정적인지, 아니면 중립적인지에 대한 텍스트 분석은 또 다른 기법을 통해 분석되어야 할 주제이기 때문이다.[71] 그렇지만 연구자는 당시의 상황을 고려해 중심단어와 이들 단어의 의미망을 기준으로 합리적 판단(educated guess)을 내릴 수 있다고 본다.

71 파이썬에서 활용될 수 있는 텍스트 분석 기법은 다양한 라이브러리를 통해 가능하다. 대표적인 라이브러리로 텐서플로우(TensorFlow), 토치(Torch), 테아노(Theano), 케라스(Keras) 등이 있다.

부록 5.1 NetworkX 기본 예제

```
# -*- coding: utf-8 -*-

import networkx as nx
import matplotlib.pyplot as plot

g2 = nx.Graph()

paths =[(1, 2), (1, 3), (3, 4), (4, 5), (4, 1)]
for p in paths:
   g2.add_edge(p[0], p[1])

pos = nx.spring_layout(g2)
nx.draw_networkx_nodes(g2, pos)
nx.draw_networkx_edges(g2, pos)

nx.draw_networkx_labels(g2, pos)

edgeLabels = {pair: x for x, pair in enumerate(paths)}
nx.draw_networkx_edge_labels(g2, pos, edge_labels=edgeLabels)

plot.savefig('network_eg01.png')
plot.axis('off')
plot.close()
```

부록 5.2 TwitterSearch 프로그램

```
# Source : https://github.com/ckoepp/TwitterSearch, 2017/3/13

from TwitterSearch import *
import json
import time
import re

# Twitter Auth 호출
with open('twitter_config.json') as f:
    tokens = json.loads(f.read())

consumer_key = tokens['consumer_key']
consumer_secret = tokens['consumer_secret']
access_token = tokens['access_token']
access_token_secret = tokens['access_token_secret']

keywords = 'aaaaaa'
file_id = 'aaaa'

try:
    tso = TwitterSearchOrder()
    tso.set_keywords([keywords])
    tso.set_language('ko')
    tso.set_include_entities(False)

    ts = TwitterSearch(
        consumer_key = consumer_key,
        consumer_secret = consumer_secret,
        access_token = access_token,
        access_token_secret = access_token_secret
```

```
    )

    for tweet in ts.search_tweets_iterable(tso):
      tweet_time = time.strftime('%Y-%m-%d',\
        time.strptime(tweet['created_at'],'%a %b %d %H:%M:%S \
        +0000 %Y'))
      twitter_id = tweet['user']['id_str']
      tweet_text = tweet['text']

      #형태소 분석에 불필요한 요소 제거
      tweet_text =\
        re.sub(r'(RT)|(@[_A-Za-z0-9]+)|(https?:\/\/.*[\r\n]*)|'
                  r'(t.co\/[A-Za-z0-9]*)|(:)|(#)|(~)'
                  r'(\.\.\.)|(\(출처[^)]*\))', '', tweet_text, flags=re.MULTILINE)
      tweet_text = tweet_text.replace('\n', '').replace('\r', '').\
        replace('\t', '').replace('.jpg', ' ').replace('https/…', '').\
        replace('…', '').replace('...','').\
          replace('&lt;', '').replace('&gt;', '')
      saveThis = tweet_time+'~'+twitter_id+'~'+tweet_text

      with open('%s_tweet_search.csv' %(file_id), 'a',\
        encoding='utf-8') as saveFile:
        saveFile.write(saveThis)
        saveFile.write('\n')

  except TwitterSearchException as e:
    print(e)
```

부록 5.3 Facebook Posts 프로그램

```
# source: Max Woolf's facebook-page-post-scraper(https://github.com/
minimaxir), 2017/03/15

import urllib.request
import json
import datetime
import csv
import time

# Facebook app_id, app_sercret 호출
with open('facebook_config.json') as f:
    tokens = json.loads(f.read())

app_id = tokens['app_id']
app_secret = tokens['app_secret']
page_id = 'bbbb'
today_id = datetime.date.today()

access_token = app_id + '|' + app_secret

def request_until_succeed(url):
    req = urllib.request.Request(url)
    success = False
    while success is False:
        try:
            response = urllib.request.urlopen(req)
            if response.getcode() == 200:
                success = True
        except Exception as e:
            print(e)
```

```
            time.sleep(5)
            print('Error for URL %s: %s' % (url,\
                datetime.datetime.now()))
            print('Retrying.')
    return response.read().\
        decode(response.headers.get_content_charset())

def unicode_normalize(text):
    return text.translate({ 0x2018:0x27, 0x2019:0x27, 0x201C:0x22,\
        0x201D:0x22,0xa0:0x20 })

def getFacebookPageFeedData(page_id, access_token, num_statuses):
    base = 'https://graph.facebook.com/v2.8'
    node = '/%s/posts' % page_id
    fields = '/?fields=message,link,created_time,type,name,id,' + \
            'comments.limit(0).summary(true),shares,reactions' + \
            '.limit(0).summary(true)'
    parameters = '&limit=%s&access_token=%s' % (num_statuses,\
        access_token)
    url = base + node + fields + parameters
    # retrieve data
    data = json.loads(request_until_succeed(url))
    return data

def getReactionsForStatus(status_id, access_token):
    base = 'https://graph.facebook.com/v2.8'
    node = '/%s' % status_id
    reactions = '/?fields=' \
            'reactions.type(LIKE).limit(0).summary(total_count).as(like)' \
            ',reactions.type(LOVE).limit(0).summary(total_count).as(love)' \
            ',reactions.type(WOW).limit(0).summary(total_count).as(wow)' \
```

```
        ',reactions.type(HAHA).limit(0).summary(total_count).as(haha)' \
        ',reactions.type(SAD).limit(0).summary(total_count).as(sad)' \
        ',reactions.type(ANGRY).limit(0).summary(total_count).as(angry)'
    parameters = '&access_token=%s' % access_token
    url = base + node + reactions + parameters
    # retrieve data
    data = json.loads(request_until_succeed(url))
    return data


def processFacebookPageFeedStatus(status, access_token):
    status_id = status['id']
    status_message = '' if 'message' not in status.keys() else \
        unicode_normalize(status['message'])
    status_message = status_message.replace('\n', '').replace('\r',\
      '').replace('\t', '')
    link_name = '' if 'name' not in status.keys() else \
        unicode_normalize(status['name'])
    link_name = link_name.replace('\n', '').replace('\r',\
      '').replace('\t', '')
    status_type = status['type']
    status_link = '' if 'link' not in status.keys() else \
        unicode_normalize(status['link'])
    status_published = datetime.datetime.strptime(
        status['created_time'],'%Y-%m-%dT%H:%M:%S+0000')
    status_published = status_published + \
        datetime.timedelta(hours=-5)
    status_published = status_published.strftime(
        '%Y-%m-%d %H:%M:%S')
    num_reactions = 0 if 'reactions' not in status else \
        status['reactions']['summary']['total_count']
    num_comments = 0 if 'comments' not in status else \
        status['comments']['summary']['total_count']
    num_shares = 0 if 'shares' not in status else\
      status['shares']['count']
    reactions = getReactionsForStatus(status_id, access_token) if \
        status_published > '2016-02-24 00:00:00' else {}
```

```
    num_likes = 0 if 'like' not in reactions else \
          reactions['like']['summary']['total_count']
    num_likes = num_reactions if status_published \
       <'2016-02-24 00:00:00' else num_likes

    def get_num_total_reactions(reaction_type, reactions):
       if reaction_type not in reactions:
          return 0
       else:
          return reactions[reaction_type]['summary']['total_count']

    num_loves = get_num_total_reactions('love', reactions)
    num_wows = get_num_total_reactions('wow', reactions)
    num_hahas = get_num_total_reactions('haha', reactions)
    num_sads = get_num_total_reactions('sad', reactions)
    num_angrys = get_num_total_reactions('angry', reactions)

    # Return a tuple of all processed data
    return (status_id, status_message, link_name, status_type, \
       status_link,status_published, num_reactions, num_comments,\
       num_shares, num_likes, num_loves, num_wows, num_hahas,\
       num_sads, num_angrys)

def scrapeFacebookPageFeedStatus(page_id, access_token):
    with open('%s_facebook_statuses_%s.csv' % (page_id, today_id),\
      'w', newline='', encoding='utf-8') as file:
       w = csv.writer(file)
       w.writerow(['status_id', 'status_message', 'link_name',\
          'status_type', 'status_link', 'status_published',\
          'num_reactions', 'num_comments', 'num_shares',\
          'num_likes', 'num_loves', 'num_wows', 'num_hahas',\
          'num_sads', 'num_angrys'])
       has_next_page = True
       num_processed = 0
       scrape_starttime = datetime.datetime.now()
       print('Scraping %s Facebook Page: %s\n' \
          % (page_id, scrape_starttime))
       statuses = getFacebookPageFeedData(page_id, access_token, 100)
```

```
    while has_next_page:
        for status in statuses['data']:
            if 'reactions' in status:
                w.writerow(processFacebookPageFeedStatus(status,
                    access_token))
            num_processed += 1
            if num_processed % 100 == 0:
                print('%s Statuses Processed: %s' % \
                    (num_processed, datetime.datetime.now()))
        if 'paging' in statuses.keys():
            statuses = json.loads(request_until_succeed(
                            statuses['paging']['next']))
        else:
            has_next_page = False

    print('\nDone!\n%s Statuses Processed in %s' % \
        (num_processed, datetime.datetime.now() - scrape_starttime))

if __name__ == '__main__':
    scrapeFacebookPageFeedStatus(page_id, access_token)
```

부록 5.4 Facebook Comments 프로그램

```
# source: Max Woolf's facebook-page-post-scraper(https://github.com/
minimaxir), 2017/03/15

import urllib.request
import json
import datetime
import csv
import time


# Facebook app_id, app_sercret 호출
with open('facebook_config.json') as f:
  tokens = json.loads(f.read())

app_id = tokens['app_id']
app_secret = tokens['app_secret']
file_id = 'moonbyun1'
today_id = datetime.date.today()

access_token = app_id + '|' + app_secret

def request_until_succeed(url):
  req = urllib.request.Request(url)
  success = False
  while success is False:
    try:
      response = urllib.request.urlopen(req)
      if response.getcode() == 200:
        success = True
    except Exception as e:
      print(e)
      time.sleep(5)
```

```
            print('Error for URL %s: %s' \
               % (url, datetime.datetime.now()))
            print('Retrying.')
            if '400' in str(e):
               return None;
    return response.read().decode('utf-8')

def unicode_normalize(text):
    return text.translate({ 0x2018:0x27, 0x2019:0x27, 0x201C:0x22,
                    0x201D:0x22, 0xa0:0x20 }).encode('utf-8')

def getFacebookCommentFeedData(status_id, access_token, \
    num_comments):
    # Construct the URL string
      base = 'https://graph.facebook.com/v2.8'
      node = '/%s/comments' % status_id
      fields = '?fields=id,message,like_count,created_time,\
         comments,from,attachment'
      parameters = '&order=chronological&limit=%s&access_token=%s' \
    %(num_comments, access_token)
      url = base + node + fields + parameters
      # retrieve data
      data = request_until_succeed(url)
      if data is None:
         return None
      else:
         return json.loads(data)

def processFacebookComment(comment, status_id, parent_id = ''):
    comment_id = comment['id']
    comment_message = '' if 'message' not in comment else \
         unicode_normalize(comment['message'])
    comment_author = unicode_normalize(comment['from']['name'])
    comment_author = comment_author.decode('utf-8')
    comment_likes = 0 if 'like_count' not in comment else \
         comment['like_count']
    if 'attachment' in comment:
       attach_tag = '[[%s]]' % comment['attachment']['type'].upper()
```

```
    comment_message = attach_tag if comment_message is '' else \
        (comment_message.decode('utf-8') + ' ' + \
            attach_tag).encode('utf-8')
  comment_message = comment_message.decode('utf-8')
  comment_message = comment_message.replace('\n', '').\
    replace('\r', '').replace('\t', '')
  comment_published = datetime.datetime.strptime(
      comment['created_time'],'%Y-%m-%dT%H:%M:%S+0000')
  comment_published = comment_published + \
    datetime.timedelta(hours=-5) # EST
  comment_published = comment_published.strftime(
      '%Y-%m-%d %H:%M:%S')
  # Return a tuple of all processed data
  return (comment_id, status_id, parent_id, comment_message,\
    comment_author, comment_published, comment_likes)

def scrapeFacebookPageFeedComments(page_id, access_token):
  with open('%s_facebook_comments_%s.csv' % (file_id, today_id),\
    'w', newline='', encoding='utf-8') as file:
    w = csv.writer(file)
    w.writerow(['comment_id', 'status_id', 'parent_id', \
      'comment_message', 'comment_author', 'comment_published',\
      'comment_likes'])
    num_processed = 0
    scrape_starttime = datetime.datetime.now()
    print('Scraping %s Comments From Posts: %s\n' % \
        (file_id, scrape_starttime))
    with open('%s_facebook_statuses_%s.csv' % (file_id, \
      today_id), 'r', encoding='utf-8') as csvfile:
      reader = csv.DictReader(csvfile)
      for status in reader:
        has_next_page = True
        comments = getFacebookCommentFeedData(status['status_id'],
            access_token, 100)
        while has_next_page and comments is not None:
          for comment in comments['data']:
            w.writerow(processFacebookComment(comment,
              status['status_id']))
```

```
    if 'comments' in comment:
        has_next_subpage = True
        subcomments = getFacebookCommentFeedData(
                comment['id'], access_token, 100)
        while has_next_subpage:
            for subcomment in subcomments['data']:
                w.writerow(processFacebookComment(
                        subcomment,
                        status['status_id'],
                        comment['id']))
                num_processed += 1
                if num_processed % 1000 == 0:
                    print('%s Comments Processed: %s' %
                          (num_processed,
                           datetime.datetime.now()))
            if 'paging' in subcomments:
                if 'next' in subcomments['paging']:
                    subcomments = json.loads(
                            request_until_succeed(
                                subcomments['paging']\
                                    ['next']))
                else:
                    has_next_subpage = False
            else:
                has_next_subpage = False
    num_processed += 1
    if num_processed % 1000 == 0:
        print('%s Comments Processed: %s' %
              (num_processed,\
               datetime.datetime.now()))
if 'paging' in comments:
    if 'next' in comments['paging']:
        comments = json.loads(request_until_succeed(
                comments['paging']['next']))
    else:
        has_next_page = False
else:
    has_next_page = False
```

```
        print('\nDone!\n%s Comments Processed in %s' %
            (num_processed, datetime.datetime.now() -\
                scrape_starttime))

if __name__ == '__main__':
    scrapeFacebookPageFeedComments(file_id, access_token)


def processFacebookPageFeedStatus(status, access_token):
    status_id = status['id']
    status_message = '' if 'message' not in status.keys() else \
            unicode_normalize(status['message'])
    status_message = status_message.replace('\n', '').\
        replace('\r', '').replace('\t', '')
    link_name = '' if 'name' not in status.keys() else \
            unicode_normalize(status['name'])
    link_name = link_name.replace('\n', '').\
        replace('\r', '').replace('\t', '')
    status_type = status['type']
    status_link = '' if 'link' not in status.keys() else \
            unicode_normalize(status['link'])
    status_published = datetime.datetime.strptime(
            status['created_time'],'%Y-%m-%dT%H:%M:%S+0000')
    status_published = status_published + \
            datetime.timedelta(hours=-5)
    status_published = status_published.strftime(
            '%Y-%m-%d %H:%M:%S')
    num_reactions = 0 if 'reactions' not in status else \
            status['reactions']['summary']['total_count']
    num_comments = 0 if 'comments' not in status else \
            status['comments']['summary']['total_count']
    num_shares = 0 if 'shares' not in status else \
        status['shares']['count']
    reactions = getReactionsForStatus(status_id, access_token) if \
            status_published > '2016-02-24 00:00:00' else {}

    num_likes = 0 if 'like' not in reactions else \
            reactions['like']['summary']['total_count']
```

```
    num_likes = num_reactions if status_published \
        < '2016-02-24 00:00:00' \
            else num_likes

    def get_num_total_reactions(reaction_type, reactions):
        if reaction_type not in reactions:
            return 0
        else:
            return reactions[reaction_type]['summary']['total_count']

    num_loves = get_num_total_reactions('love', reactions)
    num_wows = get_num_total_reactions('wow', reactions)
    num_hahas = get_num_total_reactions('haha', reactions)
    num_sads = get_num_total_reactions('sad', reactions)
    num_angrys = get_num_total_reactions('angry', reactions)

    # Return a tuple of all processed data
    return (status_id, status_message, link_name, status_type,\
        status_link, status_published, num_reactions, num_comments,\
        num_shares, num_likes, num_loves, num_wows, num_hahas,\
        num_sads, num_angrys)

def scrapeFacebookPageFeedStatus(page_id, access_token):
    with open('%s_facebook_statuses_%s.csv' % (page_id, today_id), 'w',
newline='', encoding='utf-8') as file:
        w = csv.writer(file)
        w.writerow(['status_id', 'status_message', 'link_name',\
            'status_type', 'status_link', 'status_published',\
            'num_reactions', 'num_comments', 'num_shares',\
            'num_likes', 'num_loves',  'num_wows', 'num_hahas',\
            'num_sads', 'num_angrys'])
        has_next_page = True
        num_processed = 0
        scrape_starttime = datetime.datetime.now()
        print('Scraping %s Facebook Page: %s\n' \
            % (page_id, scrape_starttime))
        statuses = getFacebookPageFeedData(page_id, access_token, 100)
        while has_next_page:
```

```
        for status in statuses['data']:
            if 'reactions' in status:
                w.writerow(processFacebookPageFeedStatus(status,
                    access_token))
            num_processed += 1
            if num_processed % 100 == 0:
                print('%s Statuses Processed: %s' % \
                    (num_processed, datetime.datetime.now()))
        if 'paging' in statuses.keys():
            statuses = json.loads(request_until_succeed(
                            statuses['paging']['next']))
        else:
            has_next_page = False

    print('\nDone!\n%s Statuses Processed in %s' % \
        (num_processed, datetime.datetime.now() \
            - scrape_starttime))

if __name__ == '__main__':
    scrapeFacebookPageFeedStatus(page_id, access_token)
```

참고문헌

강승식, 『한국어 형태소 분석과 정보 검색』, 서울: 홍릉과학출판사, 2002.

잰 고이바에르츠·스티븐 리바이선 지음, 김지원 옮김, 『한 권으로 끝내는 정규표현식』, 서울: 한빛미디어, 2010.

김성진, 『코딩셰프의 3분 딥러닝, 케라스맛: Keras 코드로 맛보는 ANN, DNN, CNN, RNN, AE, GAN, UNET』, 서울: 한빛미디어, 2018.

김용학, 『사회 연결망 분석』, 제3판, 서울: 박영사, 2007.

남인용·박한우, 「대권 예비후보자 관련 신문기사의 네트워크 분석과 홍보전략」, 『한국정당학회보』 제6권 1호, 79~107쪽, 2007.

웨스 맥키니 지음, 김영근 옮김, 『파이썬 라이브러리를 활용한 데이터 분석: 지진 데이터 시각화, 선거와 인구통계 분석 등 실사례 사용』, 서울: 한빛미디어, 2013.

안드레아스 뮐러·세라 가이도 지음, 박해선 옮김, 『파이썬 라이브러리를 활용한 머신러닝』, 서울: 한빛미디어, 2017.

라이언 미첼 지음, 한선용 옮김, 『파이썬으로 웹 클로러 만들기』, 서울: 한빛미디어, 2016.

박은정, 『KoNLPy: KoNLPy Documentation 출시 0.4.3.』, 2017.(http://konlpy-ko.readthedocs.io/ko/v0.4.4/, 방문일: 2017년 3월 21일)

박은정·조성준, 「KoNLPy: 쉽고 간결한 한국어 정보처리 파이썬 패키지」, 제26회 한글 및 한국어 정보처리 학술대회 논문집, 1~4쪽, 2014.

박응용, 『점프 투 파이썬. 위키독스』, 2017.(https://wikidocs.net/book/1, 방문일: 2017년 2월 14일)

박한우, 「한국어의 내용분석을 위한 KrKwic 프로그램의 이해와 적용: Daum.net에서 제공된 지역혁신에 관한 뉴스를 대상으로」, *Journal of the Korean Data Analysis Society* 6(5), 1377~1387쪽, 2004.

서정민, 「웹크롤러로 데이터 수집하기」, 경북대 사회과학기초자료연구소 특강(2014년 11월 7~8일, 대구: 엘디스 리젠트 호텔), 2014.

엄기홍, 『정치학 연구방법론으로의 초대: Stata로 따라하기』, 대구: 글고운, 2013.

엄기홍. 『권위주의 체제, 선거 그리고 민주주의: 제5공화국의 선거들』, 파주시: 마인드탭, 2016.

이상엽, 「소셜 네트워크의 동적 특성 분석」 특강, 2015년 경북대학교 대학원 정치학과 BK21 연구방법론 워크숍(2015년 6월 19~20일, 대구: 경북대학교), 2015.

이준환. 「소셜 네트워크 빅데이터 비주얼라이제이션」, 2015.(http://hosting02.snu.ac.kr/~snucss/wp-content/uploads/2016/04/사회통계포럼_시각화_세미나_-_2015.31.

pdf, 방문일: 2017년 11월 10일)
조휘열·김진화·윤상웅·김경민·장병탁, 「컨볼루션 신경망 기반 대용량 텍스트 데이터 분류 기술」, 2015년 동계학술발표회 논문집, 792~794쪽, 2015.
최성철, 『데이터 과학을 위한 파이썬 입문』, 2017.(https://github.com/TeamLab/Gachon_CS50_Python_KMOOC, 방문일: 2017년 2월 14일)
최준영·조진만, 『견제와 균형: 인사청문회의 현재와 미래를 말하다』, 서울: 써네스트, 2013.
허재영·엄기홍, 「노무현 대통령의 자주국방 인식: 노무현 대통령 연설문집 분석을 중심으로」, 『동서연구』 제24권 4호, 37~56쪽, 2012.
Pilgrim, Mark, *Dive into Python 3*, New York: Apress, 2009.(https://github.com/diveintomark/diveintopython3, 방문일: 2017년 1월 1일)
Rossum, Guido van and the Python Development Team, *The Python Language Reference*, Release 3.6.0., 2017.(https://docs.python.org/3/, 방문일: 2017년 1월 1일)

찾아보기